JN418483

2014 IGE/KITA Global Trade Forum

복지향상과 기부문화

초판 1쇄 발행 2014년 6월 12일

펴낸이 사공 일
편집총괄 송경진
편집지원 김보연
디자인 경성문화사

펴낸곳 세계경제연구원
전 화 02-551-3334~7
팩 스 02-551-3339
등 록 서울시 강남구 영동대로 511
ISBN 978-89-86828-79-5

2014 IGE/KITA Global Trade Forum

복지향상과 기부문화

Guy Sorman

복지향상과 기부문화

Philanthropy and Welfare

Guy Sorman

Guy Sorman

Guy Sorman is a French professor, columnist, author, and public intellectual in economics and philosophy. He has held several public offices, including advisor to the prime minister of France (1995-1997), Member of the National Commission for Human Rights and deputy mayor of Boulogne (since 1995), near Paris, and recently as Chairman of "Greater Paris West" Economic and Social Council. He has written twenty books that promote the ideals of creativity and modern capitalism. His views are close to classical liberalism as well as globalization and Asia's global economy. His publications include *In Praise of Giving* (2014), *An Optimist View on the Global Economy* (2012), *and Economics Does Not Lie* (2008), among others.

Philanthropy and Welfare[1)]

Guy Sorman
French Columnist

I thank my dear friend, Il SaKong, for giving me the opportunity to introduce my new book to a Korean audience and to get their feedback. I will try to explain why I have written this book "*In Praise of Giving*" and why you would discuss this notion of giving right now and right here. When you try to understand why philanthropy is as important as it is in a country like the United States, where non-profits represent 10% of the economy, you discover that there is something there which is not very well covered, needs to be understood, and probably does answer a very strong need in our developed countries.

To make things easier and shorter, we – economists, philosophers, and political scientists – have the tendency to always summarize the

1) This is a transcript of a speech by Mr. Guy Sorman given at the "IGE/KITA Global Trade Forum" on April 3, 2014. The views expressed here are the speaker's.

political and economic debate as a confrontation between free market and government. Do we need more free market? Do we need more government? Do we need more regulation? Do we need less regulation? By doing that, we forget that in between the market and the government, there is something like an "unknown space". This "unknown space" is philanthropy.

Market is governed by profit. Government is governed by authority or general interest. Philanthropy, or the non-profit sector, is governed by generosity. I think generosity belongs to every society. But actually, life is more complicated than it appears. We like to make money. This is why we go to the market. We like to have some kind of authority; this is why we sometimes go and work for the state. But, also, we have the need to give. This need does answer some necessities and queries from society which are satisfied by neither the market nor the government.

I will give some examples. Our societies are very complicated and getting more complicated by the day and new needs emerge. Neither the government nor the market is in the best position to answer all queries. For example, people are getting older while less and less of modern society is equipped to deal with elderly people. In a country like Korea where Confucianism is a tradition, the younger people would be required to take care of the older people but this is less and less the truth. You have an emergence of what I call a "social desert" where many new social problems emerge but nobody is really in charge. This is true for older people. This is true for younger people when parents do not have the money to send them to the best school. You have problems like suffering from handicaps in life. You have problems from, say, drug addiction. You have people getting out of jail and they need to find a new life.

I could give you a large number of social situations which are extremely difficult and where social answers are lacking and solidarity is weak. Answers are lacking for two reasons. First, the free market does not find any profit in intervening in this kind of field. There is no money to make. Also, a private corporation may consider that it is not its duty to be in charge of certain activities which are foreign to the company or not part of the public relations strategy of the company. In a way, corporations support universities and the arts. Many Korean companies are doing this. This is good but it is part of the PR strategy. Taking care of the more complicated problems, perhaps, is not part of the PR strategy of the company.

On the government side, governments have two limits. The first limit is that they can edict only general rules for the society as such. It is not the job of a government to get too much into detail. They are not equipped and it is not philosophically justified to look at very specific cases and tailor specific solutions for specific cases. Also, governments all over the world have financial limits. If you go too far in building a welfare state – which we did in the case of Europe – with very good intentions, you reach a limit. If you go too far in improving the solidarity and taking care of the people who are most in need, you find yourself in a difficult financial situation.

Governments have another limit. It is not that governments do not have an imagination; they have a lot. It is that governments are not in a position to try and fail. I will give you an example. It is a simple example that every country will understand. You have, for example, drug addiction everywhere in the modern world. All governments are trying to cope with drug addiction. When you have a drug addiction program, sometimes it works and sometimes it does not work. You never know. You do not know the solution. So, when a social program does not work, in any government the answer is, "Well, it did not work because we did not use enough money." You never say to your constituency, "It did not work. We wasted the money. We financed the wrong program." Instead, you say, "The program did not work, therefore we must go further and we must add more money." What I mean by that is that there is no real space for trial and error, especially in democratic government.

In the field of solidarity, I think the answer is trial and error. We do not know what will work. Therefore, we will try. If it does not work, it does not matter because we are a private charity. We will stop the program and shift to another program. In our societies, there is like a wide space and the space is increasing – I call that kind of a "social desert" – where a lot of people, because of lack of education, health problems, aging, and inadaptability, they need a kind of solidarity, some kind of help in health, education, or any other kind of initiative that you can think of. This new solidarity deserves to be supported, neither by government or the market, but by philanthropy.

What is philanthropy? Philanthropy must be a collection of disparate initiatives. With the strength of philanthropy in a country like the United States for example where philanthropy is most developed for historical and religious reasons, anything goes. You have thousands of charities. You have thousands of churches with social programs. You have thousands of initiatives with no limits. As you know, the money that is spent by individuals and corporations is totally deductible from income tax. Why is that? It is deductible because government considers that taxes do not belong to the state. Taxes belong to the people and if the people feel that it could be useful for the society in any way, they should be free to do so. It is because of this diversity that you will have creativity in the social field. Sure, many foundations will prove useless. But, to prove useless is the possibility for other foundations to prove useful and to show the way through trial and error to solutions which did not come to the mind of the state bureaucrats.

I am not saying that the American model, which is the core of my book, needs to be imitated. It is just to show that there are many possibilities where Korea could be and should be more active.

Let me share some reflections about Korea. When you look at the figure of how much Korean individuals give, the figures are very low. Korea is one of the OECD countries where charitable giving – including churches and temples – is the smallest. Maybe this is because everybody here is so intense about making money and making a life that nothing is left for others. Maybe family comes first but the family is becoming smaller and smaller. This kind of economic pressure has made the Korean society rather selfish and that part of Korean society has been totally forgotten and put aside because of this lack of solidarity and lack of empathy from the successful Korean people.

If you look at the Korean companies, some of them give a lot for universities, higher education, and art, which is good and certainly excellent for the country. But, it gives the feeling that philanthropy is really a part of public relations. When a former chairman of a large company decides to become a philanthropist, usually it is not because he has suddenly become generous, but it is because he does not want to go to jail. This gives philanthropy a bad name.

My position is not to dwell too much on the motivation of the people who give. We all give for good and bad reasons. We give because we are generous. We give because we are vain. We give because we want to see our name on the wall in a museum. We give because we want to be in the newspaper. I think that all of these motivations are mixed among everyone. What is more important in Korea is to develop a system where people could give more easily in a more transparent way and to be sure that what they give is used efficiently.

I salute an initiative by the founder of Naver called Happybean, which makes it easier for individual Koreans to give. But they do not know the efficiency of what they give. If you start from scratch, in a way, in Korea, it is very important to build independent institutions to evaluate the efficiency of giving and help people not only to give but to know that they are giving for a reason and enable them to evaluate the results. One of the main deficiencies in the United States is that people give a lot but you do not always know where the money goes. To give an example which is common in both the United States and Korea, some years ago, there was a tsunami and billions were sent to Indonesia and Thailand. Nobody really knows what has happened to these billions. The best way to encourage philanthropy is to make philanthropy more transparent. That is the way to encourage people.

I think the Korean government has a role to play. The tax deduction, if I understand well, has been raised from 10% to 30% for individuals and, I think, 10% for corporate profits that can be deducted from the taxes. This is very small and does not really recognize the legitimacy of giving. In the United States, it is 100%. Why is it 100%? It is not because the government is generous. It is because the government considers what the individual does and what the foundation or charity does is as useful as what the government does. So, there is a kind of respect for individual initiative, which you do not have in Korea where the government tends to think that what it does is more efficient and legitimate than what the individual does. I think in a democratic and open country, the notion that the individuals know as well as the government how to improve solidarity and make the society more generous and more transparent should be translated into the tax code.

There is another aspect in the tax code of Korea, which seems a bit bizarre to me. Some philanthropic initiative can be deducted up to 100% of what you give from your income but only in the field where government decided that this is the way to go. Why would government decide what is the way to go? Again, this is not democratic at all. Why should the government know best? The government does not know best. It is one of the actors in this "social desert", as I said before, where nobody really has an answer.

I have been here only for 24 hours but I am struck by the appeal of this new idea that there should be something, a non-profit sector between the government and the market. I do not think there is an easy solution that Korea would go from 0 to the United States situation. This is a long history. I do think that in Korea there is a kind of social malaise in the society. Many in Korea, I think you won't contradict me on that, understand that the Korean society is far from perfect. The society has become more democratic, more open, and wealthier but many people are forgotten on the side of the road. The government and the private sector have not found solutions to take care of these people. Once again, because of trial and error, because of the diversity and multiplicity of private initiative, I think the Korean society would become better as a society if the right space is given to philanthropy.

Il SaKong: Thank you very much for sharing with us your candid observations on Korea as a society in the area of philanthropy. I think we, as a society, need to give serious thought to the current state of things, particularly in the taxation area. All of the tax laws and the corporate law were written in the very early stages of development. At that time, policy makers in the government were primarily focused on resource mobilization for economic development. Our capability for resource mobilization at that time was very, very low. So, the money spent for solidarity or philanthropic ends did not get very much priority then. That is why the corporate deductions for donations were very limited. But at this stage of development we need to give new thought to it. We may go 100% towards the US model but I think we can improve to an extent. What you said, there is a lot to chew on and accomplish.

Questions
and
Answers

Q What is your view of the work of the previous government and the current one in terms of nation branding or improving Korea's image overseas?

A For the past 30 years, I have always been struck by the economic success of Korea and weak international image or the lack of image. My position was to say that having a strong image is extremely important in diplomacy and also in economic life. To put it bluntly, if Korea has a strong image, you can sell a product made in Korea at a better price.

This was years ago and things have changed a lot but I was always struck that Samsung and Hyundai were sold in Europe without saying that it was made in Korea. People thought that it was made in Japan. They were happy to buy a Hyundai or a Samsung made object. I think that Koreans were not proud enough about their culture. I was extremely happy when the National Museum of Korean Contemporary History in Seoul was opened. I think things have changed tremendously for the past 10 years. Today when you buy a product abroad in the United States and Europe, you know that it is made in Korea and you feel safe that it is made in Korea. I think that this progress made in the image of Korea has come through various channels. It came from large corporations; it came from artists; and it came partially from the government.

My position regarding promotion of cultural action from the government is that it has always been a bit disorganized. The slogan is always changing and the government was not really able to define a clear strategy regarding this image. Even though the strategy was not very clear, the progress has been tremendous. Of course, everyone asks about K-Pop and Gangnam Style. I do not overestimate the importance of popular culture. I also do not underestimate it. It is part of a general progress of the Korean image in the world. In the case of France, if I may, K-Pop is not very popular but Korean novels and movies are extremely popular. So, the progress of the image comes through various channels and the government is only one of these channels among many. Much more needs to be done. I do regret that the National Museum in Seoul is not better known and involved in exchanges but it is making progress. There is a wonderful Shilla exhibition in New York. I understand there will be one in Paris in 18 months.

I understand that there is progress being made because the world is discovering that somewhere between Japan and China, there is still an unknown civilization which still needs to be discovered. This is what Korea is about. I am quite optimistic about the future in terms of tourism. I think tourism and the convention business and all of that will become a major business in Korea. I know that Korea is always focused on the manufacturing industry and not that much in service. If you look at the modern economy, service is extremely important and all the conditions – culture, safety, hospitality, behavior and the people – do exist in Korea. I have always insisted that the service industry, based on safety and culture, will be a booming industry in the years to come.

Q I hope I am not misinterpreting you but when you talk about corporate social responsibility (CSR) and the donations of big corporations, you seem to dismiss it a bit as a PR exercise. I hope that is not a misinterpretation. However, there is a lot of attention paid to corporate donations to CSR. It shows up in annual reports and the share price. Does this not in fact provide the mechanism that you were talking about in terms of being able to measure how effective it is and therefore give the transparency that you think is necessary?

A I have a lot of respect for that and most of the major so-called private museums are sponsored by corporate companies. I would not go so far as to say that companies have a social responsibility. I am a bit reluctant about this concept of social responsibility. I do think that the responsibility of the company is to be profitable. If part of the profit can be used in useful donations, sponsorship, or philanthropy, it is fine. I would not – that is Milton Friedman's position and I share that position – say that the main role of a company is philanthropy or social responsibility. I think the main role of a company is to provide good jobs, heavy profits for shareholders, education for workers, increasing the workforce, and participating in the development of the country. I think that is corporate social responsibility. I think it is social responsibility to make the country better. I certainly do not despise their philanthropic activities but I certainly will not expect any company to put that at the top of its priorities. At the top of its priorities should be economic development, jobs, profits, equipment of the country and so on. Philanthropy comes after and it is part of the culture. In the United States the board of directors expects the company to give part of the profit for non-profit activities. In Korea I am not sure if the board of directors is enthusiastic about giving too much money to philanthropic activity. So, you need to have the culture change a little bit and through an evolution of the society the corporate philosophy will change.

A final remark about philanthropy. Philanthropy is not only about money it is also about time. If you look at the United States, 90% of the Americans give part of their time to a philanthropic activity at the school level, at the church level, and at any level. It is part of being a citizen in America that part of your time should be given freely to a cause which has no impact on your behavior but brings you social or psychological benefit. I think that to volunteer is maybe more important than giving money. Anyone can give money, especially if you have a lot. Anybody can give time even if he or she does not have money. The beauty of philanthropy is that it goes both ways. If you give time or money to a person who needs you, there is a benefit for you because it makes your personal life richer in a way and it makes the life of the person you give richer as well. Philanthropy is too often measured by the benefits of people who receive but I think the beauty of philanthropy is that it goes both ways. It provides social and psychological benefit to those who volunteer and those who receive the philanthropic activity. This is what I would like to see in Korea.

Q I was happy to hear you contrast the American and Korean societies. I think in Korea there is a kind of resistance among the people when it comes to imitating the American system. It seems that France is decidedly committed to philanthropy because of the French principles that support solidarity. What do you think about the European society in terms of philanthropy?

A My position is "Never follow anyone." Philanthropy works if it is rooted in your culture. Clearly, in America philanthropy is rooted in the Christian culture. In France, until the mid-19th century we had very strong philanthropic culture which was rooted in the Catholic Church. But when the Catholic Church nearly disappeared, it was replaced in a way by the concept of the welfare state. People shifted their energy from private philanthropy to the welfare state. So, in the case of Korea, I do not need to tell you that in your culture, which is very diverse with many religions, that the philosophical roots of philanthropy do exist. You know what I am talking about. I do not need to elaborate. You know that it is in your heart and that in the Korean civilization, money is not the ultimate goal and there are other motivations that belong to your culture. In the first step you had to mobilize all the financial resources for the development of the country when the country was not fully developed. But now you have resources which can be mobilized in the service of causes which are closer to your heart and part of your culture. So, it is not a question of imitation.

I would say the same regarding the European and the French model of the welfare state. We have a very significant welfare state. In financial terms it is the largest in Western Europe right now. This welfare state brings many benefits to the people and I certainly do not deny it. But the welfare state has two limits.

The first is that it is extremely costly. We know that right now. I do not want to delve into politics but we have reached the limit. Even the government, which is socialist, knows that we have reached this limit and that we need to do what the Germans did for example and what the

Italians are doing these days. We have to reduce social benefits and give back to the people some individual responsibility or give back some kind of social responsibility to non-governmental organizations. So, there is a limit and we have reached it. In Korea, you are still far from this limit but you must be careful because it can destroy the impetus for economic development.

The second limit is not financial. Our modern and very complex society is confronted with problems that we do not know how to solve. We do not know what the solution is. I mentioned addiction. There is teenage violence and teenage pregnancy. I could go on and on. The welfare state does not have a solution because there is not one solution. Many solutions must be tried. In order to have all these solutions competing, you must appeal to the private sector. You must appeal to the charities, NGOs, and foundations to compete, provide solutions, and see what works and what does not. In my book I quoted one of the leading and remarkable philanthropists in America, George Soros. George Soros says that as a foundation president, "My duty is to fail because if I do not fail it means that I have not tried." No government will say, "My duty is to fail." It is impossible. So, it is kind of a redistribution of functions and responsibilities in solidarity to have competition.

We need competition. We need competition in economy. We need competition in ideas. We also need competition in education. Nobody knows what the best education system is. We need competition to help the older people. We need competition to help people with problems. We need competition to provide solidarity and build a better country.

This is why I am advocating philanthropy and wrote a book about philanthropy because my position is to say that nobody is totally right or totally wrong. We just must make progress towards a better understanding of our societies, a better society, and this goes through competition, competition of solutions, and philanthropy is a way to increase competition to solve our social problems.

Q Every time you visit Korea, you will feel anti-corporate sentiment rises significantly. Of course, it is true that companies donate with somewhat of a destructive intention. Yet, if you think of it one way, people like Milton Friedman also asserted that the company is to create a profit and volunteering socially is the duty of the individual. People, in particular university students, have an overly negative impression because there is so much anti-corporate sentiment. I have no other opinion regarding the fact that good money can change the world. Yet, given today's situation in Korea, I cannot help but get the idea that we need to make some significant restrictions given the increasing negative sentiment towards companies. Although I happen to be critical from the opposite end of the spectrum, corporate-social relations and philanthropic culture do need to improve. Every time you visit, we have this great feeling of frustration that we are not doing better. I am curious to hear your opinion on this point.

A The fact that corporations in Korea are so successful and play just a decisive role in the modernization of Korea generates a kind of ambiguous feeling. In one way people understand that these corporations have been decisive and that without them Korea would not be where it is today. On the other hand, since these corporations are so powerful, you expect more from them. In politics, as in daily life, people have a very ambiguous feeling about these corporations. They hate it but they want their children to join it. They are very proud of the success of these corporations and they would like them to give more to non-profit activities. So, how do you find a middle ground? There are possibilities.

I come back to the idea of imitation. It is not really imitation because this exists not only in the United States but also in many European countries. What I find very interesting is that many corporations in Europe and the United States give free time to their employees to be active in non-profit activities. For example, a company will pay you one hour per week or one hour per month to do whatever you like if you volunteer for a non-profit organization. This is kind of a middle way in which the company allows you to have philanthropic activity; you get paid for it, and the company does not control what kind of activities you do. Also, there are some other examples of companies in Europe and the United States where the workers decide that they will give one dollar or ten dollars per month to a charity. The money is deducted from your wages at the end of the month and it is tax deductable. So, there are ways that combine the main responsibility of the company to be profitable with that of being socially responsible by giving people the time or money to give to a cause close to their heart. So, the contradiction can be, in a way, resolved. This can be easily implemented.

Q Korea has been an agrarian society for thousands of years. We have an adage that even one piece of soybean must be divided among the family and the village people. After the introduction of modern capitalism, especially right after the Korean War, just pure survival has been the main issue to escape starvation. Everyone has to compete with each other to survive. In that regard, we have succeeded. Korean businesses have come onto the international scene relatively recently. I would like to see Korean companies remain competitive in the global market, concentrating how to improve the R&D activities and how to sell products on the global market rather than how the corporate board members look for philanthropic opportunities and so on.

However, we can see these days that there are some signs that Samsung, LG, and Hyundai are committed to carrying out corporate social responsibility at the infant stage. I can see us making progress in that line. You cited many examples of the United States. It seems to me that the tradition is deeply related to the Christian culture and civilization in the US and the European society. In Korea, Christians have spread very quickly. Churchgoers constitute over 30% of the public and they donate according to the Bible 10% of the income. The question is how can we expect transparent operations of churches and religious organizations to spend donations for a general welfare program rather than spending their own religious denomination? Maybe what you said could be practiced in a universal way by the religious organizations in Korea. That would be a great help.

A You mentioned the success of Korean corporation in the global market and thank you for that. It brings competition to the world and it is a tremendous incentive for French, European, and American companies to be better. Competition is good. What I would like to see from Korea is more of it; not only Samsung, Hyundai, and LG but more companies. I think Korean companies are doing well but there are not enough of them. I hope that we amend the regulations and that we will see more dynamic and creative companies bringing competition to the world. We all progress together. If you are doing well, I am doing well. In the modern economy, it is not that because you as a Korean become rich, I as a Frenchman become poor. As a Frenchman, I get a better telephone because of you. And it is cheaper. Maybe tomorrow you will be able to compete with us in other fields. The problem for Korea is not the quality of these companies but it is the limited number of these companies. I hope that you will be successful in the deregulation process and that it will give a chance for new entrepreneurs to create, not only in industry but also in the service sector and new activities.

A second comment was religion. Basically, when you look at philanthropy everywhere, you find that there is a religious or philosophical belief there. This is fundamental and from the heart. By the way, the title of my book is "*In Praise of Giving, the American Heart*" to show that it starts from the heart. In Korea, this notion of giving comes from the Christian churches as you mentioned but you also have same impulse in Buddhism for generosity, so it is not strictly connected with the religion. In many religions, you have this incentive that if you are well-off, then you have been lucky and if you are lucky, you have to give back to the people who have been less lucky than you. Starting from that, I think it is very important to consider that it is not that the market is bad, government is bad, and philanthropy is good. Government is good and bad. The market is good and bad. Philanthropy is good and bad. You have good charities and bad charities. You have good foundations and you have foundations that are totally useless. In a way, in Korea, you start not from scratch but from a very low level. I think it is important to have in mind that the people belonging to a church or giving money to a foundation should make these churches and foundations more accountable. If you look at the world and the United States, there is a tremendous lack of transparency. I think that philanthropy should progress not only by people giving time and money but also by creating independent institutions in order to be sure that the money, which is given based on generosity, is used not to finance a huge bureaucracy or disappear through sheer corruption. I think that church is a good place to start but also within foundations.

The problem is that philanthropy is not very democratic. In most countries, you have a power and a counter power. In philanthropy, too often, and in my book I give several examples of this, you have huge foundations that are really not efficient because nobody is in a position to say, "You are not efficient." For example, the Bill and Melinda Gates Foundation gives about US$3 billion per year. I consider that to be useless but nobody is in a position to say that it is useless. If you start from scratch, maybe you have to think simultaneously in building foundations and NGOs but also building independent institutions to evaluate the efficiency of the money you give. Volunteering and giving is not enough. You have to control, like in any human society, where the money goes and where the time goes. Once again, maybe it is simpler when you start from scratch or a very low level than if you start from a very sophisticated level like in the United States.

Q A few years ago, Bill Gates made a speech on "creative capitalism" in Davos. Could you give a comment on it?

A Creative capitalism is like creative economy. The economy is creative by definition and capitalism is creative by definition. I think that to add the adjective "creative" to economy or capitalism does not add anything at all. If economy or capitalism is not creative, then what is capitalism made for? What is economy made for? The huge progress of our societies and humankind has been a consequence of innovation. Innovation comes from science transformed by entrepreneurs. The process is creative by definition. When you say creative capitalism, maybe it is to go against some people who think that socialism is more creative than capitalism. But history has always answered this question. Socialism is not creative; therefore, capitalism is creative. So you can say it is creative just to feel comfortable. But it does not really make that much of a difference.

Il SaKong: The Korean government tried to make the Korean economy creative. You are right to interpret capitalism as being interpreted by Schumpeter as a process of creative destruction. Without innovation and entrepreneurship you cannot be creative enough. What the government is trying to do under the leadership of Park Geun-hye is to deregulate the business environment, so that there are more creative entrepreneurial activities. I hope she succeeds. In any case, this is a process of capitalist development.

On the question posed about the corporate level and individual level donations, I think this distinction is very important because corporations, as you said, have the main purpose of making profits and maximizing them. But the profits should be spent properly, including philanthropic activities. I support the idea that there should be two levels of incentives. One level, the corporate level, should be more generous, so that corporations can donate more without forgetting that the main purpose of the corporation is profit maximization. On the individual level we should also give more incentives, so that wealthy people, the rich segment of society, can do more in terms of philanthropy. That way the government tax money can be spent for something else, and the society as a whole can help the needy sector. In any case, unfortunately considering Korea's per capita income and development level, we at both individual and corporate level are still behind other countries in terms of philanthropy. So there is more room for us to do more, particularly more at the individual level, so that the government can do something else. We should give more thought to these issues. We as a society should do more about philanthropy. I think that your book will enlighten us.

By the way, Guy Sorman is always a business-friendly person. He persuaded me, when I was in charge of the G20, to strongly recommend having the G20 Summit dinner at the National Museum. He gave me the idea that the National Museum would be the best place. I was very happy the government held the Summit there. It was deeply appreciated by all the G20 leaders. I also went to the Leeum and the Furniture Museum for the First Ladies' dinner and luncheon, which was also highly appreciated. Thank you for that.

기 소르망(Guy Sorman)

기 소르망은 교수 겸 경제학자, 칼럼니스트, 작가이자 우리 시대의 경제학과 철학 분야의 실천적 지식인으로 꼽힘. 프랑스 총리실 고문 및 국가인권위원회 위원, 파리 근교 Boulogne시(市)의 부시장 등을 거쳐 최근에는 Greater Paris West 지역의 경제 · 사회위원회 위원장을 역임. 창조성, 현대 자본주의, 그리고 세계화와 글로벌 경제에서 차지하는 아시아의 역할 등을 강조하는 20여 권의 저서를 출간함. 대표작으로 ≪세상을 바꾸는 착한 돈≫(2014), ≪어느 낙관론자의 일기≫(2012), ≪경제는 거짓말을 하지 않는다≫(2008) 등이 있다.

복지향상과 기부문화
(Philanthropy and Welfare)[1)]

기 소르망(Guy Sorman)
프랑스 칼럼니스트

저의 신간 "세상을 바꾸는 착한 돈(*In Praise of Giving*)"을 한국 독자들께 소개해드리고 피드백을 받을 수 있는 자리를 마련해주신 사공일 이사장께 감사드립니다. 이 책을 집필한 이유와 왜 여러분께서 지금 여기서 기부에 대해 논의해야 하는지에 대해서 설명 드리겠습니다. 비영리 단체들이 경제의 10%를 차지하는 미국과 같은 국가에서 왜 기부문화가 중요한지 이해하려 노력할 때 여러분은 이제껏 많이 다루어지지 않아서 이해를 요하는 무언가가 있음을 발견하게 됩니다. 아마

1) 2014년 4월 3일 기 소르망(Guy Sorman) 교수의 "IGE/KITA 세계무역포럼"의 강연을 녹취하여 정리 · 번역한 것으로 연사의 개인 의견임을 밝혀둔다.

도 그것은 왜 선진국들에서 기부에 대한 강력한 요구가 있는지에 대한 해답을 제시할지도 모릅니다.

경제학자와 철학자, 정치학자들은 모든 것을 쉽고 간결하게 만들기 위해 정치 · 경제 논쟁을 자유시장과 정부 간의 대결로 요약하는 경향이 있습니다. 우리에게 더 큰 자유시장이 필요할까요? 우리에게 더 큰 정부가 필요할까요? 더 많은 규제가 필요할까요? 혹은 더 적은 규제가 필요할까요? 그렇게 함으로써 우리는 시장과 정부 사이에 "미지의 공간(unknown space)"이 있다는 것을 잊어버립니다. 이러한 "미지의 공간"이 기부입니다.

시장은 이익에 의해 지배됩니다. 정부는 권위나 공공이익에 지배됩니다. 기부, 즉 비영리 부문은 관대함(generosity)에 의해 지배됩니다. 관대함은 모든 사회에 있습니다. 실제 삶은 보이는 것보다 더욱 복잡합니다. 우리는 돈을 벌고자 합니다. 우리가 시장에 가는 이유입니다. 우리는 권위를 가지고 합니다. 그래서 때로는 국가를 위해 일하는 것입니다. 그러나 우리에게는 베풀고자 하는 욕구도 있습니다. 이런 욕구는 시장이나 정부가 채워줄 수 없는 사회의 필요와 의문에 답합니다.

몇 가지 사례를 들어보겠습니다. 우리 사회는 매우 복잡하고, 날이 갈수록 더욱 복잡해지고 있습니다. 새로운 필요가 나타납니다. 정부나 시장이 그 모든 의문에 답할 최적의 입장은 아닙니다. 예를 들어, 사람들은 노령화되는데 노인을 위한 현대사회의 준비는 점점 줄어들고 있습니다. 유교적 전통을 따르는 한국과 같은 사회에서는 젊은 사람들이 나이 든 사람을 돌보도록 요구받지만, 점점 그런 전통은 없어지고 있습니다. 제 표현으로는 "사회적 사막(social desert)"이 나타난 것입니다. 많은 새로운 사회 문제가 드러나고 있지만, 아무도 책임지지 않는 영역을 일컫습니다. 이는 노인들에게 해당됩니다. 자녀를 일류 학교에 보낼 돈이 없는 부모를 둔 젊은 사람들에게도 해당됩니다. 평생 장애로부터 고통 받는 문제가 있습니다. 약물 중독으로 고통받는 문제가 있습니다. 감옥에서 출소하여 새로운 삶을 찾아야 하는 사람들이 있습니다.

매우 어렵고 사회적 해결책이 부족하며 연대가 약한 많은 사회적 상황들이 있습니다. 해결책이 부족한 이유는 두 가지입니다. 첫째, 자유시장에서는 이런 분야에 개입해서 어떠한 이익도 볼 수 없습니다. 돈을 벌 수 없습니다. 또한, 사기업은 기업에게 생소하거나 홍보 전략에의 일부가 아닌 활동을 책임지는 것은 의무가 아니라고 생각할 수도 있습니다. 기업들은 대학과 예술을 지원합니다. 많은 한국 기업들이 이런 일을 하고 있습니다. 이것은 좋은 일이지만 회사의 홍보 전략의 일부이기도 합니다. 더욱 복잡한 문제를 처리하는 것은 아마도 기업의 홍보 전략의 일부가 아닐 것입니다.

정부 측면에서는 두 가지 한계가 있습니다. 첫 번째 한계는 사회의 일반적 규칙만 공포할 수 있다는 것입니다. 너무 세부적으로 규정하는 것은 정부의 역할이 아닙니다. 정부는 그럴 능력을 갖추고 있지 못하고 또한 매우 특정한 사례를 들여다보고 맞춤형 해결책을 찾아내는 것은 철학적으로도 옳지 않습니다. 또한 전 세계의 모든 정부에게는 재정적 제약이 있습니다. 유럽처럼 의도는 좋았지만 복지국가 건설에 너무 많은 힘을 쏟으면, 한계에 도달합니다. 연대(solidarity)를 높이고 어려운 이들을 돕는 일에 지나치게 힘을 쏟으면 재정 상황이 어려워지게 됩니다.

정부에는 또 다른 한계가 있습니다. 정부에 상상력이 없다는 것이 아닙니다. 많이 있습니다. 하지만 정부는 시도를 했다가 실패할 수 있는 입장이 아닙니다. 예를 하나 들어보겠습니다. 모든 국가에서 이해할 만한 간단한 사례입니다. 예를 들어, 현대 세계에는 어디에나 약물중독이 존재합니다. 모든 정부가 약물 중독에 맞서고 있습니다. 약물중독 프로그램은 때로는 효과가 있기도 하고, 때로는 효과가 없기도 합니다. 결과는 알 수 없습니다. 해결책은 알 수 없습니다. 사회 프로그램이 효과가 없을 때 어느 정부든 "예산이 충분치 않아서 효과가 없었습니다"라고 답합니다. 유권자들에게 "효과가 없었습니다. 돈을 낭비한 것입니다. 잘못된 프로그램에 재정 지원을 했습니다"라고 말하는 법은 없습니다. 오히려 "프로그램이 효과가 없었으므로 더 많은 예산을 투입해야 합니다"라고 말합니다. 제가 드리고 싶은 말씀은 특히 민주 정부에서는 시행착오를 겪을 실질적 여유가 없다는 것입니다.

연대 분야에서의 해결책은 시행착오라고 생각합니다. 어떤 것이 효과가 있을지 모릅니다. 그러므로 시도를 할 것입니다. 효과가 없어도 민간 자선단체이므로 상관없습니다. 프로그램을 멈추고 다른 프로그램으로 전환하면 됩니다. 우리 사회에는 큰 공백이 있고, 점점 확대되고 있습니다. 저는 이 공백을 "사회적 사막"이라고 부르는데, 교육

부족이나 건강 문제, 고령화, 사회부적응으로 인해서 일종의 연대와 건강상의 도움, 교육, 또는 생각할 수 있는 어떠한 이니셔티브라도 필요한 사람들이 많습니다. 이런 새로운 연대는 정부나 시장이 아니라 기부로 지원되어야 마땅합니다.

기부란 무엇일까요? 기부는 서로 이질적인 이니셔티브의 모음입니다. 예를 들어, 역사적 종교적 이유로 기부가 가장 발달한 미국과 같은 나라에서는 기부의 힘으로 뭐든지 할 수 있습니다. 수천 개의 자선단체가 존재합니다. 사회 프로그램을 실시하는 수천 개의 교회가 있습니다. 아무런 제약이 없는 이니셔티브가 수천 개 있습니다. 아시다시피, 개인과 기업의 기부금은 소득세에서 완전히 공제됩니다. 왜 그럴까요? 정부는 세금이 국가의 것이라고 생각하지 않기 때문입니다. 세금은 국민에게 속하고, 국민들이 어떤 방식으로든 세금이 사회에 유용하다고 느낀다면, 그 세금을 자유롭게 쓸 수 있도록 해야 합니다. 이러한 다양성 때문에 사회 분야에 창의력이 생깁니다. 물론, 쓸모없는 재단이 많이 있을 것입니다. 그러나 쓸모가 없다고 입증한다는 것은 다른 재단이 유용하다고 입증하고, 시행착오를 통해서 국가 관료가 생각해내지 못한 해결책을 보여줄 가능성이 있다는 뜻이기도 합니다.

제 책의 핵심인 미국식 모델을 따라야한다는 말씀은 아닙니다. 한국이 좀 더 능동적으로 나설 수 있는, 또 나서야 하는 많은 가능성이 있다는 것을 보여주고자 했습니다.

한국에 대한 생각을 말씀드리겠습니다. 개개인의 한국인이 기부하는 수치는 매우 낮습니다. 한국은 OECD 회원국 중 교회와 사찰을 포함한 자선 기부가 선진국 중에서 가장 낮습니다. 이는 아마도 한국인 모두가 치열하게 부를 축적하며 삶을 영위하기 때문에 다른 사람을 위한 여유가 없을지도 모릅니다. '가족 우선' 풍조 때문인 것 같지만, 가족의 규모는 갈수록 더 작아지고 있습니다. 일종의 경제적 압력은 한국 사회를 오히려 이기적으로 만들었고, 성공한 한국인에게 연대와 공감이 결핍돼 있기 때문에 (*기부하는*) 사회의 모습은 완전히 잊혀졌고 무시되었습니다.

말씀드렸다시피 한국 기업 중 일부는 대학과 고등교육, 예술에 기부를 많이 합니다. 좋은 일이기도 하고, 국가를 위해서도 아주 좋습니다. 그러나 이런 기부가 홍보의 일부라는 생각이 듭니다. 대기업 회장이 독지가가 되기로 결심한 경우는 대개 갑자기 관대한 마음이 들어서가 아니라 감옥에 가고 싶지 않아서이기 때문입니다. 그래서 기부에 대한 인식이 나빠집니다.

기부하는 사람들의 동기에 대해 오래 곱씹어 보려는 것이 아닙니다. 우리 모두는 좋은 이유로도 나쁜 이유로도 기부합니다. 우리는 관대하기 때문에 기부합니다. 우리는 허영심 때문에 기부합니다. 박물관 벽에 자신의 이름이 걸리는 것을 보고 싶기 때문에 기부합니다. 우리는 신문에 이름이 나고 싶어서 기부합니다. 모든 이들에게 이런 모든 동기가 혼재되어 나타납니다. 한국에게 더욱 중요한 것은 사람들이 더욱 투명한 방식으로 더욱 쉽게 기부하고 기부금이 효율적으로 쓰였다는 것을 확신할 수 있는 시스템을 개발하는 것입니다.

네이버 창업자가 개개인의 한국인들이 쉽게 기부할 수 있도록 만든 해피빈(Happybean)이라는 사례에 경의를 표합니다. 그러나 기부의 효율성은 알 수 없습니다. 한국에서 어떤 면에서 처음부터 시작해야 한다면, 기부의 효율성을 평가하고 사람들이 기부하도록 도울 뿐만 아니라 자신이 기부하는 이유를 깨닫고 기부 결과를 평가할 수 있도록 돕는 독립 기관을 구축하는 것이 매우 중요합니다. 미국에 부족한 점 하나를 꼽자면, 사람들이 기부는 많이 하지만 그 돈이 어디로 가는지 항상 알지는 못한다는 것입니다. 미국과 한국에서 흔한 사례를 하나 말씀드리겠습니다. 몇 년 전 한국에서 멀지 않은 곳에서 쓰나미가 발생했습니다. 인도네시아와 태국에 수십억을 보냈습니다. 이 수십억이 어떻게 되었는지 아는 사람은 아무도 없습니다. 기부를 장려하는 최고의 방법은 기부를 더욱 투명하게 만드는 것입니다. 이것이 사람들을 기부하도록 장려하는 방법입니다.

한국 정부가 해야 할 역할이 있다고 생각합니다. 제가 제대로 알고 있다면, 개인 세금 공제는 10%에서 30%로 인상되었고, 기업 이윤의 10%가 세금에서 공제됩니다. 이는 매우 작은 수치이며, 기부의 타당성을 인정하는 것으로는 정말 볼 수 없습니다. 미국에서는 공제율이 100%입니다. 왜 100%일까요? 정부가 관대해서는 아닙니다. 개인 혹은 재단이나 자선단체가 하는 기부가 정부가 하는 것만큼 유용하다고 생각하기 때문입니다. 그러므로 개인의 이니셔티브에 대한 존중이 있습니다. 정부 스스로가 개인보다 더욱 효율적이고 정당하다고 생각하는 한국에서는 개인의 이니셔티브에 대한 존중이 없습니다. 민주 개방 국가에서는 개인도 정부만큼이나 연대를 제고하고 사회를 더욱 관대하고 투명하게 만들 방법을 알고 있다는 생각이 세법에 반영되어야 합니다.

한국의 세법에는 약간 기이한 측면이 또 있습니다. 어떤 기부 이니셔티브는 소득에서 100%를 공제받을 수 있지만, 그것은 정부가 결정한 분야에만 해당됩니다. 왜 정부에서 결정해야 합니까? 이것은 전혀 민주적이지 않습니다. 왜 정부가 가장 잘 안다고 생각합니까? 정부는 가장 잘 아는 곳이 아닙니다. 이미 말씀드렸듯이 아무도 진정한 해결책을 모르는 "사회적 사막"의 일원일 뿐입니다.

한국에 온 지는 고작 24시간 되었지만, 정부와 시장 사이에 비영리 부문이 있어야 한다는 이 새로운 아이디어의 매력에 사로잡혔습니다. 한국이 0에서 미국 같은 상황까지 갈 수 있을 만한 쉬운 해결책은 없다고 생각합니다. 미국에는 깊은 역사가 있습니다. 한국에는 일종의 사회 문제들(social malaise)이 있다고 생각합니다. 많은 한국인들이 한국 사회가 완벽하지 않다는 데 동의하시리라 생각합니다. 한국 사회는 더욱 민주화되고 개방되고 부유해졌지만 주변의 많은 사람들은 잊혀졌습니다. 정부와 민간 부문은 이런 사람들을 돌볼 해결책을 찾지 못했습니다. 그리고 다시 한 번 말씀드리지만, 기부에 올바른 공간이 확보될 때 한국 사회는 시행착오와 민간 이니셔티브의 다양성 및 복합성으로 인해 더 나은 사회가 될 것입니다.

사공일 이사장: 한국 사회의 기부에 대해 진솔한 의견 감사합니다.

한국 사회의 현상, 특히 조세에 대해 진지하게 생각할 필요가 있습니다. 세법과 회사법은 대부분 개발 초기 단계에 제정되었습니다. 당시 정부 정책입안자들은 주로 경제 발전의 재원 동원에 집중했습니다. 당시 재원 동원력은 매우 낮았습니다. 그래서 연대 또는 기부 목적으로 활용된 자금은 그다지 중요하게 다뤄지지 않았습니다. 그래서 기부에 대한 기업 세금 공제가 매우 제한적인 것입니다. 그러나 이 정도 발전 단계에서는 새롭게 생각해야 합니다. 미국 모델을 100% 추구할 수도 있으나 어느 정도 개선할 수 있다고 생각합니다. 박사님의 말씀대로 곰곰이 생각할 것과 이룩해야 할 것이 많습니다.

질의
응답

한국 이미지 개선과 관련하여 전 정부와 현 정부에 대한 견해는 어떠신지요?

답변 지난 30년 간 저는 언제나 한국의 경제적 성공과 취약한 국가 이미지에 강한 인상을 받았습니다. 저는 강한 국가 이미지가 외교와 경제에 지극히 중요하다는 입장이었습니다. 직설적으로 말씀드려서 한국의 국가 이미지가 강하면 한국산 제품을 더 좋은 가격에 팔 수 있습니다.

오래 전의 일이고 지금은 상황이 많이 바뀌었지만, 예전에는 삼성과 현대가 유럽 시장에서 한국산이라고 밝히지 않고 판매되는 것이 항상 놀라웠습니다. 대중들은 일본산이라고 생각했습니다. 현대나 삼성 제품을 구매하는 것을 좋아했습니다. 제 생각에는 한국인들이 스스로의 문화를 충분히 자랑스러워하지 않았던 것 같습니다. 서울에 대한민국역사박물관이 개관했을 때 뛸 듯이 기뻤습니다. 지난 10년 동안 엄청나게 많은 것이 바뀌었다고 생각합니다. 이제는 구미에서 외국산 제품을 구매할 때, 한국산인 것을 알면 안심합니다. 한국 이미지 제고는 다양한 채널을 통해 이뤄졌다고 생각합니다. 대기업이 기여했습니다. 예술가들이 기여했습니다. 일부는 정부의 덕도 있었습니다.

저는 한국 정부의 문화 활동 홍보가 언제나 조금 산만하다고 봅니다. 슬로건은 언제나 바뀌고 정부는 이미지에 대한 명확한 전략을 만들어내지 못했습니다. 명확한 전략의 부재에도 불구하고 엄청난 발전을 했습니다. 물론, 모든 사람들이 K-Pop과 강남스타일 등에 대해 물어봅니다. 저는 대중문화의 중요성을 과대평가하지도 과소평가하지도 않습니다. 이는 국제무대에서 한국의 이미지가 발전하는 일반적 과정의 일부입니다. 프랑스의 경우, K-Pop은 그다지 인기가 많지 않지만 한국 소설과 영화는 대단히 인기가 좋습니다. 그러므로 이미지 개선은 다양한 채널을 통해 이루어지고, 정부는 이런 많은 채널들 중 하나일 뿐입니다. 아직 해야 할 일이 많습니다. 서울 국립중앙박물관의 인지도가 부족하고 더 많은 교류 활동 참여가 없는 것은 정말 안타깝지만, 점점 나아지고 있습니다. 뉴욕에서 멋진 신라 전시회가 열렸습니다. 18개월 후에 파리에서도 개최된다고 합니다.

그러므로 발전이 이루어지고 있습니다. 이제 세계가 일본과 중국 사이 어딘가에 발견되어야하는 미지의 문명이 여전히 존재한다는 것을 알아가고 있기 때문입니다. 이것이 한국의 모습입니다. 저는 한국 관광의 미래에 대해 아주 낙관적입니다. 관광과 컨벤션 사업 등이 한국의 주요 산업으로 성장하리라 생각합니다. 한국은 언제나 제조업에 집중하고, 서비스에는 그다지 관심을 보이지 않았습니다. 그러나 현대 경제에서는 서비스가 지극히 중요합니다. 한국은 문화와 안전, 환대, 행동, 사람 등의 모든 조건을 갖추고 있습니다. 저는 예전부터 앞으로는 안전과 문화에 기초한 서비스 산업이 급성장하는 산업이 될 것이라고 주장해왔습니다.

제가 제대로 이해했는지 몰라도 기업의 사회적 책임(CSR)과

대기업의 기부에 대해 말씀하실 때 약간은 홍보 활동의 일환으로만 치부하는 것 같았습니다. 제가 잘못 이해한 것이 아니기를 바랍니다. 그러나 기업의 사회적 책임으로서의 기부에 많은 관심이 모이고 있습니다. 이는 기업의 연례보고서와 주가에도 나타납니다. 기실 이것이 필요하다고 말씀하셨던 기부의 효율성을 측정해서 투명성을 제공하는 메커니즘이 아닐는지요?

답변 저는 기업의 기부 활동을 매우 존중합니다. 대부분의 주요 민간 박물관은 기업의 후원을 받고 있습니다. 기업에 사회적 책임이 있다고까지는 말씀드리지 않겠습니다. 저는 이런 사회적 책임이란 개념이 다소 꺼려집니다. 기업의 책임은 이윤 추구라고 생각합니다. 그 이윤의 일부를 능숙하고 유용하게 기부와 후원, 자선에 활용할 수 있다면 좋을 것입니다. 저는 밀튼 프리드먼(Milton Friedman)의 생각을 공유합니다. 즉 기업의 주요 역할이 기부나 사회적 책임이라고 생각하지는 않습니다. 기업의 주요 역할은 좋은 일자리를 제공하고, 주주들에게는 두둑한 이익을 챙겨주고, 근로자를 교육하고, 고용을 늘려서 국가 발전에 참여하는 것이라고 생각합니다. 저는 그것이 기업의 사회적 책임이라고 생각합니다. 기업의 사회적 책임은 국가를 발전시키는 것입니다. 기부 활동을 얕보는 것은 아니지만, 어느 기업도 기부 활동을 중요한 우선순위로 올려놓으리라 기대하지는 않습니다. 최상위에는 경제 발전, 일자리, 이윤, 국가 정비 등이 위치합니다. 기부는 그 다음 순서이고, 문화의 일부입니다. 미국 회사의 이

사회는 기업이 이윤의 일부를 비영리 활동에 제공하기를 기대합니다. 한국에서는 기업의 이사회가 기부 활동에 너무 많은 돈을 기부하는 것을 반길지 모르겠습니다. 그러므로 문화를 약간 바꿀 필요가 있습니다. 그리고 사회 발전을 통해 기업 철학이 바뀔 것입니다.

마지막으로 기부는 돈뿐만 아니라 시간도 중요합니다. 미국의 경우 90%의 미국인이 학교나 교회 등 어느 곳에서나 기부 활동에 자신의 시간을 일부 투자합니다. 미국에서는 시간의 일부를 대의를 위해 자유롭게 투자하는 것이 시민의 의무입니다. 이는 자신의 행동에는 영향을 미치지 않지만, 사회적 또는 심리적 혜택을 줍니다. 저는 자원봉사가 돈을 기부하는 것보다 더 중요할 수도 있다고 생각합니다. 누구나 특히 돈이 많은 사람이라면 기부를 할 수 있습니다. 그러나 돈이 없더라도 시간은 줄 수 있습니다. 제 결론은 기부의 미학이 양방향이라는 것입니다. 도움이 필요한 사람에게 시간이나 돈을 제공하는 것은 기부자의 개인적 삶이 어떤 면에서 더 풍요로워지고 기부를 받은 사람의 삶도 더 풍요로워지기 때문에 기부자에게도 이익이 됩니다. 기부는 흔히 받는 사람에게 주어지는 혜택을 기준으로 측정되는 경우가 많지만, 기부의 미학은 양방향성에 있습니다. 봉사를 하는 사람과 기부 활동을 받는 사람 모두에게 사회적, 심리적 이익을 제공합니다. 한국에서도 그런 모습을 보고 싶습니다.

박사님께서 미국과 한국 사회를 대조하는 것을 즐겁게 들었습니다. 한국에서는 국민들 사이에 미국 시스템을 따라

하는 것에 대한 저항이 있다고 생각합니다. 프랑스는 연대를 지지하는 프랑스만의 원칙 때문에 확고하게 기부합니다. 기부 측면에서 유럽 사회를 어떻게 생각하십니까?

답변 저는 누구도 따라 하지 말라고 말씀드리고 싶습니다. 기부는 자국의 문화에 뿌리를 두어야만 효과가 있습니다. 분명, 미국의 기부는 기독교 문화에 뿌리를 두고 있습니다. 프랑스는 19세기 중반까지는 가톨릭교회에 기반을 둔 기부 활동이 매우 강했습니다. 그러나 가톨릭교회가 거의 사라지자 그것은 복지국가의 개념으로 대체되었습니다. 사람들은 그들의 열정을 개인 기부에서 복지국가로 전환했습니다. 그러므로 한국에서는 종교의 다양성에 기반한 한국 문화에 기부의 뿌리가 존재한다는 것은 따로 말씀드릴 필요가 없을 것입니다. 제가 무슨 말을 하는지 아실 것입니다. 자세히 설명할 필요가 없습니다. 여러분은 자신의 마음과 한국 문명에서는 돈이 최종 목표가 아니며 한국 문화에는 다른 동인이 있다는 것을 아십니다. 한국이 저개발 국가였을 때는 먼저 국가 발전을 위해 모든 재정적 자원을 동원해야 했습니다. 그러나 이제는 한국인에게 친근하고, 문화의 일부인 대의를 위한 봉사에 동원할 수 있는 자원이 있습니다. 그러므로 이는 모방의 문제가 아닙니다.

유럽과 프랑스의 복지국가 모델에 대해서도 똑같이 말씀드릴 것입니다. 프랑스는 매우 두드러진 복지국가입니다. 재정적 측면에서, 서유럽에서 가장 큰 복지국가입니다. 복지국가가 많은 사람들에게 혜택을 준다는 것을 부정할 수는 없습니다. 그러나 복지국가에는 두 가지 한계가 있습니다.

첫 번째는 극도로 비용이 많이 든다는 것입니다. 지금은 그것을 알고 있습니다. 정치에 대해 자세히 말하지는 않겠지만, 프랑스는 한계에 도달했습니다. 사회주의 노선인 정부조차 우리가 한계에 도달했으며 예를 들면 과거 독일이 했던 것, 요즘 이탈리아에서 하고 있는 조치를 취해야 한다는 것을 알고 있습니다. 사회보장 혜택을 낮추고 국민에게 개인적 책임의 일부를, 비정부 기구에게 사회적 책임의 일부를 돌려주어야 합니다. 그러므로 복지국가에는 한계가 있고, 우리는 한계에 도달했습니다. 한국은 한계에 도달하려면 멀었지만 조심해야 합니다. 왜냐하면 한계에 도달하게 되면 경제 발전의 추진력을 파괴할 수 있기 때문입니다.

두 번째 한계는 재정에 관한 것이 아닙니다. 오늘날의 매우 복잡한 현대 사회는 해결책을 모르는 문제와 맞닥뜨려 있습니다. 우리는 해결책을 모릅니다. 아까 중독을 언급했습니다. 10대 폭력과 10대 임신 문제도 있습니다. 이런 문제는 끝없이 많습니다. 복지국가에도 해결책이 없습니다. 왜냐하면, 단 하나의 해결책이란 존재하지 않기 때문입니다. 많은 해결책을 시도해야 합니다. 이런 해결책을 경쟁시키기 위해서는, 민간 부문에 호소해야 합니다. 자선단체와 비정부기구, 재단이 경쟁하고, 해결책을 제시하면 어떤 것이 효과가 있고 어떤 것이 효과가 없는지 살펴야 합니다. 저는 책에서 미국의 가장 선도적이고 훌륭한 독지가, 조지 소로스(George Soros)를 인용했습니다. 조지 소로스는 재단 회장으로서 "제 의무는 실패하는 것입니다. 왜냐하면 실패하지 않는 것은 곧 시도하지 않았다는 뜻이기 때문입니다"라고 말했습니다. "내 의무는 실패하는 것"이라고 말할 정부는 없습니다. 그것은 불가능합니다. 그러므로 이는 경쟁을 유도하기 위해 연대의 정신에서 기능과 책임을 재분배하는 것입니다.

우리는 경쟁이 필요합니다. 우리는 경제에 경쟁이 필요합니다. 우리는 아이디어의 경쟁이 필요합니다. 또한, 교육에도 경쟁이 필요합니다. 최고의 교육 시스템이 무엇인지 아는 사람은 없습니다. 우리는 노인을 돕기 위한 경쟁이 필요합니다. 우리는 문제를 안고 있는 사람들을 돕기 위한 경쟁이 필요합니다. 우리는 연대를 개선하고 더 나은 국가를 건설하기 위한 경쟁이 필요합니다. 그래서 제가 기부를 옹호하고, 기부에 관한 책을 쓴 것입니다. 전적으로 옳거나 틀린 사람은 없다고 생각하기 때문입니다. 그저 사회를 더욱 잘 이해하기 위해서, 더 나은 사회를 만들기 위해서 나아가는 수밖에 없습니다. 이는 여러 해결책의 경쟁을 통해 이룰 수 있습니다. 기부는 사회문제 해결을 위한 경쟁을 제고하는 방법입니다.

질문 오실 때마다 반기업 정서가 상당히 높아지고 있음을 느끼실 것입니다. 사실 파괴적인 의도로 기부하는 기업들도 있습니다. 다른 한편으로 밀튼 프리드먼 같은 사람은 기업은 이윤을 창출하는 기관이고 사회봉사는 개인의 의무라고 주장했습니다. 사람들, 특히 대학생들은 지나치게 부정적인 반기업 정서를 가지고 있습니다.

물론, '착한 돈이 세상을 바꾼다(Good money changes the world)'에 대해서는 아무런 이견이 없습니다만, 오늘날 한국에서 지나친 반기업 정서가 확산되는 것에 대해서는 상당히 경계해야 한다는 생각이 듭니다. 저는 스펙트럼의 다른 쪽의 시각에서 비판적이기는 하지만, 기업과 사회의 관계와 기부 문화는 개선되어야 합니다. 소르망 교수님이 한 번 왔다 가실 때마다 우리는 더 잘하지 못하고 있다는 상당한 좌절감을 느끼는데 그 점에 대해서 어떻게 생각하시는지 궁금합니다.

답변 한국 기업이 매우 성공적이고 한국의 근대화에 결정적인 역할을 했다는 사실은 애매모호한 감정을 유발시킵니다. 어떤 면에서 사람들은 기업이 결정적인 역할을 했고, 이런 기업들 없이는 한국이 오늘날의 위치에 오르기란 불가능했으리라는 것을 이해합니다. 다른 한편으로는 이 기업들이 매우 강하기 때문에 더 많은 것을 기대합니다. 일상생활에서도 정치에서도 사람들은 이런 기업에 대해 매우 애매모호한 감정을 가지고 있습니다. 그 기업을 싫어하면서도 자신의 자녀는 이런 기업에 들어가기를 바랍니다. 이런 기업들의 성공을 매우 자랑스러워하고, 비영리 활동에 더 많이 기부하기를 바랍니다. 그러면 그 중도를 어떻게 찾아낼까요? 여러 가능성이 있습니다.

모방이라는 아이디어로 다시 돌아오겠습니다. 진짜 모방이라고 할 수는 없습니다. 왜냐하면 미국뿐만 아니라 여러 유럽 국가에도 존재하기 때문입니다. 유럽과 미국의 많은 기업들이 종업원들에게 비영리 활동을 할 수 있도록 자유 시간을 줍니다. 예를 들어, 비영리 조직에서 봉사활동을 한다면 일주일에 한 시간이나 한 달에 한 시간 정도 자유 시간을 줍니다. 이것도 일종의 중도입니다. 종업원이 기부 활동을 할 수 있도록 허용하고 대가를 지불하면서도, 기업에서 활동의 종류는 통제하지 않습니다. 또한, 다른 유럽 및 미국 기업의 사례도 있습니다. 종업원이 한 달에 1달러든 10달러든 자선단체에 기부하겠다고 결정합니다. 그 돈은 월말에 임금에서 공제되고, 세금 공제도 가능합니다. 그러므로 사람들에게 그 자신이 원하는 선행에 투자할 시간이나 돈을 제공함으로써 기업의 주요 책임인 이윤 추구와 사회적 책임을 결합할 방법이 있습니다. 그러므로 어떤 면에서 그 모순은 해결할 수 있습니다. 이는 쉽게 시행할 수 있습니다.

질문 한국은 수천 년간 농업 사회였습니다. 콩 한 쪽이라도 가족이나 마을 사람들과 나눠야 한다는 격언도 있습니다. 근대 자본주의가 도입된 후, 특히 한국전쟁 직후에 기아에서 벗어나기 위한 순수한 생존만이 주요 관심사였습니다. 생존을 위해 모두가 서로 경쟁해야 했습니다. 그 점에서 우리는 성공했습니다. 한국 기업들이 비교적 최근에 국제 사회에 진입했습니다. 저는 한국 기업의 이사들이 기부 기회를 찾기 보다는 세계시장에서 경쟁력을 유지하면서, 연구개발 활동을 개선할 방법과 세계 시장에서 제품을 판매할 방법에 집중하기를 바랍니다.

그러나 요즘 들어 삼성이나 LG, 현대에서 기초적인 기업의 사회적 책임을 수행하려는 노력을 보이고 있습니다. 그 분야가 발전하는 것이 보입니다. 박사님께서는 미국의 사례를 많이 드셨습니다. 미국과 유럽 사회에서는 기독교 문화와 문명이 전통과 깊이 연관되어 있는 듯합니다. 한국에서는 기독교가 매우 빠르게 확산되었습니다. 기독교 신도들이 국민의 30% 이상을 차지하고, 성경에 따라 소득의 10%를 기부합니다. 문제는 기부금을 자신의 교파에 쓰기보다는 보편적인 복지 프로그램에 사용하도록 교회와 종교 기관을 투명하게 운영시킬 방법입니다. 박사님이 말씀하신 방법을 한국 종교 기관에서 보편적인 방식으로 실천할 수도 있을 것입니다. 그러면 큰 도움이 될 것입니다.

답변 한국 기업이 세계시장에서 성공하였다는 언급을 해주셔서 감사합니다. 이는 세계적으로 경쟁을 일으키고, 프랑스와 유럽, 미국 기업이 더욱 분발할 수 있는 엄청난 인센티브가 됩니다. 경쟁은 좋은 것입니다. 한국에서 더 많은 경쟁을 보고 싶습니다. 삼성, 현대, LG뿐만 아니라 더 많은 기업이 경쟁하기를 바랍니다. 한국 기업들이 잘하고 있기는 하지만, 수가 충분하지 않습니다. 규제를 개선해서, 더욱 역동적이고 창의적인 기업이 세계에 경쟁을 불러오기를 바랍니다. 우리 모두는 함께 발전해 나갑니다. 여러분이 잘하고 있다면, 저도 잘하고 있는 것입니다. 현대 경제에서는 한국인이 부유해졌다고 해서 프랑스인인 제가 가난해지는 것은 아닙니다. 프랑스인인 저는 여러분 덕분에 더 나은 전화기를 살 수 있습니다. 그리고 더 저렴합니다. 내일은 여러분이 다른 분야에서 우리와 경쟁할 수 있을지도 모릅니다. 그러므로 경쟁은 여러분을 포함해서 모두에게 좋습니다. 한국의 문제는 기업의 질이 아니라, 경쟁하는 기업의 수가 적다는 것입니다. 규제 완화에 성공해서, 새로운 기업가들이 산업뿐만 아니라 서비스 부문에서 새로운 활동을 만들어내기를 바랍니다.

두 번째는 종교입니다. 기본적으로, 어디의 기부를 보든 종교적, 철학적 믿음을 확인할 수 있습니다. 이는 매우 근본적이면서 마음에서 우러나는 것입니다. 제 책의 프랑스어 제목은 "세상을 바꾸는 착한 돈(*In Praise of Giving, the American Heart*)"이고, 기부가 마음에서부터 시작된다는 것을 나타냅니다. 질문자께서 말씀하셨듯이 한국에서 기부에 대한 생각이 기독교에서 나오기도 하지만, 불교에서도 관대함이라는 동일한 욕구가 있습니다. 그러므로 반드시 종교와 연관된 것은 아닙니다. 많은 종교에서는 누군가 부유하게 산다면 행운이 따랐던 것이고, 행운이 따랐다면 운이 좋지 못했던 사람들에게 돌려줘야 한다는 동기 유발이 있습니다. 거기에서부터 시작해서, 시장이나 정부는 나쁘고 기부가 좋은 것이라는 생각을 버리는 것이 중요합니다. 네, 정부는 좋기도 하고 나쁘기도 합니다. 시장은 좋기도 하고 나쁘기도 합니다. 기부는 좋기도 하고 나쁘기도 합니다. 좋은 자선단체와 나쁜 자선단체가 있습니다. 좋은 재단이 있는가 하면 전혀 쓸모없는 재단도 있습니다. 어떻게 보면 한국은 처음부터 시작하는 것이 아니라, 아주 낮은 수준에서 시작하는 것입니다. 교회나 재단에 돈을 기부하는 사람들이 이런 교회와 재단이 책임성을 갖도록 만드는 것이 중요합니다. 세계와 미국을 보면 투명성이 굉장히 부족합니다. 기부는 시간과 돈을 기부하는 사람들에 의해 발전되어야 합니다. 또한 관대함에 기초해서 기부한 돈이 거대한 관료주의에 재정 지원을 하거나 순전히 부패 때문에 사라지지 않도록 독립 기관을 창설하는 것에 의해서도 발전합니다. 그러므로 교회뿐만 아니라 재단도 이런 노력을 시작하기 좋은 곳이라고 생각합니다.

문제는 기부가 그다지 민주적이지 않다는 것입니다. 대부분 국가에는 권력과 그 권력에 대항하는 힘이 있습니다. 제 책에서 여러 가지 사례를 들었지만 기부 분야에서는 "효율적이지 않다"고 말할 수 있는 사람이 없기 때문에 거대한 재단이 비능률적으로 운영되는 경우가 많습니다. 예를 들어, The Bill and Melinda Gates Foundation은 연간 약 30억 달러를 기부합니다. 저는 쓸모없다고 생각하지만, 아무도 쓸모없다고 말할 수 있는 사람이 없습니다. 그러므로 처음부터 시작하려면 재단과 비정부기구를 만드는 것뿐만 아니라 기부금의 효율성을 평가할 수 있는 독립 기관을 만드는 것도 동시에 생각해야 합니다. 봉사하고 기부만 하면 되는 일이 아니고, 다른 어떤 인간 사회에서와 마찬가지로 돈과 시간이 어디로 가는지 통제해야 합니다. 다시 한 번 말씀드리지만 미국처럼 매우 복잡한 수준에서가 아니라, 아예 처음부터 또는 매우 낮은 수준에서부터 시작한다면 이것이 더욱 간단할지도 모릅니다.

몇 년 전 빌 게이츠는 다보스 포럼에서 "창조적 자본주의(creative capitalism)"에 관한 연설을 했습니다. 이에 대해 어떤 의견을 갖고 계신지요?

답변 창조적 자본주의는 창조경제와 같습니다. 경제는 그 자체로 창조적이고 자본주의도 그 자체로 창조적입니다. 경제나 자본주의에 "창조적"이란 수식어를 붙이는 것은 아무것도 붙이지 않는 것과 같습니다. 경제나 자본주의가 창조적이지 않다면 자본주의가 존재하는 목적은 무엇입니까? 경제의 목적은 무엇입니까? 우리 사회와 인류는 혁신 덕분에 엄청난 진보를 이루었습니다. 혁신은 기업가들이 과학을 변형시킬 때 나타납니다. 그 과정 자체로 창조적입니다. 자본주의에 창조적이란 수식어를 붙이는 것은 사회주의가 자본주의보다 창조적이라고 생각하는 일부 사람들에게 반박할 때나 사용될지도 모릅니다. 그러나 역사가 언제나 이 질문에 해답을 주었습니다. 사회주의는 창조적이지 않습니다. 그러므로 자본주의가 창조적입니다. 편의상 창조적이라고 말할 수는 있지만, 그다지 큰 차이는 없습니다.

사공일 이사장: 한국 정부는 한국 경제를 창조적으로 만들려고 노력하고 있습니다. 슘페터가 자본주의를 창조적인 파괴 과정으로 해석하였듯이 자본주의를 해석한 것이 옳습니다. 그러므로 혁신과 기업가정신이 없다면 창의력을 제대로 발휘할 수 없습니다. 박근혜정부는 기업 환경에 대한 규제를 완화해서 창조적인 기업 활동이 더 많이 이뤄지게 하려고 합니다. 박근혜 대통령이 성공하기를 바랍니다. 어쨌든 이는 자본주의 발전의 과정입니다.

기업 차원의 기부와 개인 차원의 기부에 대한 문제에 관해 말씀하셨듯이 기업의 주목적은 이윤의 극대화이므로 그 둘을 구분하는 것이 매우 중요하다고 생각합니다. 그러나 그러한 이윤은 기부를 포함하여 적절하게 활용되어야 합니다. 인센티브에 두 가지 차원이 있어야 한다는 생각에 찬성합니다. 한 가지는 기업이 자신의 주목적이 이윤 극대화라는 것을 잊지 않고 더 많이 기부할 수 있도록 기업 차원에서 더욱 관대해지는 것입니다. 그리고 개인 차원에서도 더 많은 인센티브를 제공해야 사회 부유층이 더 많은 기부를 할 수 있습니다. 그러면 정부의 세금은 다른 곳에 사용될 수 있고, 민간 부문을 포함한 사회 전체가 도움이 필요한 부문을 도울 수 있습니다. 어쨌든 한국의 1인당 소득 및 발전 수준을 고려하면, 안타깝게도 개인과 기업의 기부는 다른 국가에 비해 뒤지고 있습니다. 그러므로 더욱 노력할 여지가 있습니다. 특히, 정부가 다른 일을 할 수 있도록 개인 차원에서 더욱 노력할 여지가 있습니다. 이 문제에 대해서는 더 많은 생각을 해봐야 하고, 사회 전체도 기부에 대해 더 많은 노력을 기울여야 합니다. 이번 저서에서 많이 배울 수 있으리라 생각합니다.

그리고 기 소르망 교수는 언제나 기업에 호의적인 분이십니다. 제가 서울 G20정상회의 위원장을 맡았을 때, 국립중앙박물관에서 정상회의 만찬회의를 개최할 것을 강력히 권고했습니다. 국립중앙박물관의 최고의 장소라고 알려줬습니다. 그곳에서 정상회의를 개최하게 되어 무척 기뻤고 모든 G20 정상들도 높이 평가했습니다. 영부인 오·만찬을 위해 사전답사까지 한 리움박물관과 가구박물관도 높이 평가받았습니다. 기소르망 교수에게 감사합니다.

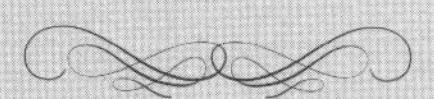

세계경제연구원 출간물 및 특별강연 시리즈 목록

IGE Publications

Occasional Paper Series

1993

	Title	Author
93-01	Clintonomics and the New World Order: Implications for Korea-US Relations	C. Fred Bergsten
93-02	The Uruguay Round, NAFTA and US-Korea Economic Relations	Jeffrey Schott

1994

	Title	Author
94-01	Korea in the World: Today and Tomorrow	Paul Kennedy
94-02	US-Japan Technological Competition and Implications for Korea	Ronald A. Morse
94-03	The Problems of the Japanese Economy and their Implications for Korea	Toyoo Gyohten
94-04	Changing US and World Economies and their Market Prospects	Allen Sinai
94-05	Prospects for New World Monetary System and Implications for Korea	John Williamson
94-06	The Promises of the WTO for the Trading Community	Arthur Dunkel

1995

	Title	Author
95-01	Mexican Peso Crisis and its Implications for the Global Financial Market	Charles Dallara
95-02	The World Economic Trend and US Economic Outlook	Allen Sinai
95-03	New Games, New Rules, and New Strategies	Lester Thurow
95-04	The United States and North Korea Future Prospects	Robert Scalapino
95-05	US Foreign Policy toward East Asia and the Korean Peninsula	James A. Baker III
95-06	US Trade Tension with Japan and their Implications for Korea	Anne O. Krueger
95-07	Prospects for Northeast Asian Economic Development: Japan's Perspective	Hisao Kanamori

1996

	Title	Author
96–01	Trends of International Financial Market and Prospects of Global Economy in 1996	Allen Sinai
96–02	Future European Model: Economic Internationalization and Cultural Decentralization	Jørgen Ørstrøm Møller
96–03	Evolving Role of the OECD in the Global Economy	Donald Johnston
96–04	The Political Context and Consequences of East Asian Economic Growth	Francis Fukuyama
96–05	Korea's New Global Responsibilities	A. W. Clausen

1997

	Title	Author
97–01	East Asia in Overdrive: Multinationals and East Asian Integration	Wendy Dobson
97–02	American Security Policy in the Asia Pacific – Three Crisis and How We Dealt with Them	William Perry
97–03	Public Sector Reform in New Zealand and its Relevance to Korea	Donald Hunn

1998

	Title	Author
98–01	Global Cooperations and National Government: Why We Need Multilateral Agreement on Investment	Edward Graham
98–02	Korean–American Relations: The Search for Stability at a Time of Change	W. Anthony Lake
98–03	Korea: From Vortex to Hub of Northeast Asia	Donald P. Gregg
98–04	German Unification: Economic Consequences and Policy Lessons	Juergen B. Donges
98–05	Globalization and versus Tribalization: The Dilemma at the End of the 20th Century	Guy Sorman

1999

	Title	Author
99–01	Economic and Political Situation in North Korea and Security in Northeast Asia	Marcus Noland
99–02	The International Financial Market and the US Dollar/Yen Exchange Rate: An Overview and Prospects for the Future	Kenneth S. Courtis

	Title	Author
99–03	Prospects and Policy Recommendations for the Korean Economy and Other Asian Economies	Donald Johnston/ Hubert Neiss
99–04	Reflections on Contrasting Present–day US and Japanese Economic Performances	Hugh Patrick
99–05	Challenge for the World Economy: Where Do the Risks Lie?	Rudiger Dornbusch

2000

	Title	Author
00–01	North Korea–US Relationship: Its Current Condition and Future Prospects	Stephen W. Bosworth
00–02	Global New Economy: Challenges and Opportunities for Korea	Soogil Young
00–03	Global Trend in Financial Supervision	YongKeun Lee
00–04	Asia Grows, Japan Slows: Prospects for the World Economy and Markets	Kenneth S. Courtis
00–05	The Future of International Financial System and its Implications for Korea	Morris Goldstein
00–06	Prospects for Millennium Round Trade Negotiations and Korea–US Free Trade Agreement	Jeffrey Schott/ InBeom Choi
00–07	Prospects for the Multilateral Economic Institutions	Anne O. Krueger
00–08	Avoiding Apocalypse: The Future of the Two Koreas	Marcus Noland
00–09	Attracting FDI in the Knowledge Era	Andrew Fraser
00–10	The Economic and Foreign Policies of the New US Administration and Congress	C. Fred Bergsten
00–11	Korea and the US: Partners in Prosperity and Security	Stephen W. Bosworth
00–12	The Outlook for Asia and Other Emerging Markets in 2000	Charles Dallara/ Robert Hormats
00–13	Relationship between Corporation and Finance: Current Status and Prospects	Youngkeun Lee
00–14	How Should Korea Cope with Financial Globalization	James P. Rooney

2001

	Title	Author
01–01	The US Economy on the Brink? Japan on the Edge? Implications for Korea	Kenneth S. Courtis
01–02	The Economic Policy of the Bush Administration toward Korea	Marcus Noland

	Title	Author
01-03	Overcoming 3Cs	Jeffrey D. Jones
01-04	High Tech, The Consequences for our Relationship with Technology on our Lives and Businesses	John Naisbitt
01-05	Korea and the IMF	Stanley Fischer
01-06	The Status of Korea's Restructuring: An Outlook over the Next 10 Years	Dominic Barton
01-07	The World Dollar Standard and the East Asian Exchange Rate Dilemma	Ronald McKinnon
01-08	Europe's Role in Global Governance and Challenges to East Asia	Pierre Jacquet

2002

	Title	Author
02-01	Managing Capital Inflows: The Chilean Experience	Carlos Massad
02-02	Globalization and Korea: Opportunities and Backlash and Challenges	Martin Wolf
02-03	The US-Japan Economic Relationship and Implications for Korea	Marcus Noland
02-04	US Global Recovery: For Real? -Prospects and Risks	Allen Sinai
02-05	Globalization: A Force for Good	Patricia Hewitt
02-06	The World after 9/11: A Clash of Civilization?	Francis Fukuyama
02-07	Hanging Together: On Monetary and Financial Cooperation in Asia	Barry Eichengreen
02-08	The Global Economy Rebounds - But How Fast and For How Long? Issues and Implications for Korea and Asia	Kenneth S. Courtis
02-09	The US Economy and the Future of the Dollar: An Outlook for the World Economy	Marcus Noland
02-10	The Doha Round: Objectives, Problems and Prospects	Jagdish Bhagwati
02-11	The Outlook for Korea and the Global Economy 2002-2003	Paul F. Gruenwald
02-12	The US and World Economy: Current Status and Prospects	John B. Taylor
02-13	9/11 and the US Approach to the Korean Peninsula	Thomas C. Hubbard
02-14	The Outlook for US Economy, the Dollar and US Trade Policy	C. Fred Bergsten
02-15	New Challenges and Opportunities for the Global Telecommunications and Information Industries	Peter F. Cowhey

2003

	Title	Author
03-01	The US and World Economy: After the Iraq War	Allen Sinai
03-02	Korea in the OECD Family	Donald Johnston
03-03	The New Role of the US in the Asia-Pacific	Charles Morrison
03-04	The Global Economic Outlook and the Impact of President Bush's Economic Stimulus Package	Phil Gramm
03-05	Europe and Germany in Transition, Where Will the Economies Go?	Hans Tietmeyer
03-06	Regional Financial Cooperation in East Asia	Eisuke Sakakibara
03-07	The Global Exchange Rate Regime and Implications for East Asian Currencies	John Williamson

2004

	Title	Author
04-01	General Outlook on the US and World Economy in 2004	Allen Sinai
04-02	Korea after Kim Jong-il	Marcus Noland
04-03	US-Japan Relations and Implications for Korea	Hugh Patrick/ Gerald Curtis
04-04	China's Economic Rise and New Regional Growth Paradigm	Zhang Yunling
04-05	The Case for a Common Currency in Asia	Robert Mundell
04-06	A Foreign Businessman's Observations on Korean Economy and Other Things	William C. Oberlin

2005

	Title	Author
05-01	US Trade Policy after the 2004 US Election	Peter F. Cowhey
05-02	Asia in Transition and Implications for Korea	Dominic Barton
05-03	Post-Election US and Global Economies: Market Prospects, Risks, and Issues	Allen Sinai
05-04	The Korean Economy: A Critical Assessment from the Japanese Perspective	Yukiko Fukagawa
05-05	The Blind Man and the Elephant: Competing Perspectives on Global Imbalances	Barry Eichengreen
05-06	Mutual Interdependence: Asia and the World Economy	Anne O. Krueger
05-07	The Impact of China and India on the Global Economy	Wendy Dobson

	Title	Author
05-08	Economic Integration between East Asia and Asia-Pacific	Robert Scollay
05-09	Moody's Perspective on Korea's Ratings	Thomas Byrne

2006

	Title	Author
06-01	Oil Prices, Ben Bernanke, Inflation, and the Fourth Energy Recession	Philip K. Verleger
06-02	US and Global Economy and Financial Market Prospects: Picking up Steam	Allen Sinai
06-03	Korea-US FTA: A Path to Sustainable Growth	Alexander Vershbow
06-04	Japan's Foreign Policy for Economy and Japan-Korea FTA	Oshima Shotaro
06-05	Japan's Economic Recovery: Implications for Korea	Yukiko Fukagawa
06-06	M&A in the 21st Century and its Implications	Robert F. Bruner
06-07	Korea's Growing Stature in the Global Economy	Charles Dallara
06-08	Asian Economic Integration and Common Asian Currency	Eisuke Sakakibara
06-09	Measuring American Power in Today's Complex World and China "Rising": What Lessons for Today from the Past?	Paul Kennedy/ Bernard Gordon
06-10	- Whither China? - The Global Scramble for IT Leadership: Winners and Losers	- Richard N. Cooper - George Scalise

2007

	Title	Author
07-01	Korea and the United States - Forging a Partnership for the Future: A View from Washington	Edwin J. Feulner
07-02	Germany: Understanding for the Underperformance since Reunification	Juergen B. Donges
07-03	Seismic Shifts, the World Economy, and Financial Markets in 2007	Allen Sinai
07-04	Changing Economic Environment: Their Implications for Korea	Angel Gurría
07-05	The Feasibility of Establishing an East Asian FTA: A Chinese Perspective	Zhang Yunling
07-06	The Global Oil and Gas Market: Paradigm Shift and Implications for Korea	Fereidun Fesharaki

	Title	Author
07-07	The Changing World Economy and Implications for Korea	Anne O. Krueger
07-08	The Longest Recovery of the Japanese Economy: Prospects and Challenges	Yukiko Fukagawa
07-09	Digital Networked Economy and Global Corporate Strategy	Ben Verwaayen
07-10	Moving Forward on the KORUS FTA: Now for the Hard Time	Jeffrey Schott
07-11	The Korean Economy and the FTA with the United States	Barry Eichengreen
07-12	- The Outlook for East Asian Economic Integration: Coping with American Protectionism, Chinese Power, and Japanese Recovery - Economic Outlook for Korea and the Region	- David Hale - Jerald Schiff
07-13	- Why the US Will Continue to Lead the 21st Century? - The Outlook of the Indian Economy from Business Perspective: Implications for Korean Business	- Guy Sorman - Tarun Das

2008

	Title	Author
08-01	Successes of Globalization: the Case of Korea	Anne O. Krueger
08-02	The US "Risk"to Asia and Global Expansion	Allen Sinai
08-03	Europe's Slow Growth: A Warning for Korea	Guy Sorman
08-04	Global Challenges that Will Confront the Next US President	James A. Baker Ⅲ
08-05	Current Status and Prospects of the Japanese Capital Markets	Atsushi Saito
08-06	Economic and Political Outlook for America and their Implications to the World	Phil Gramm
08-07	The Outlook of the Regional and Global Economic and Financial Situation: Perspectives on International Banking	Charles Dallara
08-08	Can South Korea Still Compete?	Guy Sorman
08-09	- Sovereign Wealth Funds: Perceptions and Realities - Global Financial Markets under Stress	- Robert C. Pozen - Jeffrey R. Shafer

2009

	Title	Author
09-01	Global and Regional Economic Developments and Prospects, and the Implications for Korea	Subir Lall
09-02	Competing in an Era of Turbulence and Transition	Deborah Wince-Smith
09-03	US and Global Economic and Financial Crisis: Prospects, Policies, and Perspectives	Allen Sinai
09-04	US Trade Policy in the Obama Era	Jeffrey Schott
09-05	Beyond Keynesianism	Justin Yifu Lin
09-06	- Current Crisis and the Impact on Developing Countries - Lessons from the Current Economic Crisis	- Danny Leipziger - Anne O. Krueger
09-07	- Obama, Can It Work? - The US-Korea Economic Partnership: Working Together in a Time of Global Crisis	- Guy Sorman - Jeffrey Schott

2010

	Title	Author
10-01	The EU in Transition in the New Global Paradigm: Opportunities for Korea	Jean-Pierre Lehmann
10-02	Aftermath of the 'Crises': US and Global Prospects, Legacies, and Policies	Allen Sinai
10-03	The Global Economy: Where Do We Stand?	Anne O. Krueger
10-04	- Japan and Korea in Globalization and its Backlash: Challenges and Prospects - An Overview of China: Economic Prospects and Challenges	- Yukiko Fukagawa - Danny Leipziger
10-05	- Emerging Markets and New Frontiers - Asia in the Global Economy	- Mark Mobius - Dominique Strauss-Kahn
10-06	Rebalancing the World Economy	Paul A. Volcker

2011

	Title	Author
11-01	After the Crisis: What Next in 2011 and 2012?	Allen Sinai
11-02	Safety and Economics of Nuclear Power	SoonHeung Chang
11-03	A Special Lecture on the Rebalancing of the Chinese Economy	Yu Yongding
11-04	Reshaping the Global Financial Landscape: An Asian Perspective	Institute for Global Economics

	Title	Author
11-05	- Economic Outlook and Future Challenges in Developing Asia - Europe's Financial Woes	- Haruhiko Kuroda - Richard N. Cooper
11-06	- Can the G20 Save Globalization and Multilateralism? - Markets, Economic Changes, and Political Stability in North Korea	- Danny Leipziger - Marcus Noland

2012

	Title	Author
12-01	US and Global Economy and Financial Markets in Turmoil: What Lies Ahead?	Allen Sinai
12-02	- Advancement and Education of Science and Technology University and Economic Growth - Prospects of the Eurozone Crisis and its Implications for the Global Economy	- Nam Pyo Suh - Hans Martens
12-03	- The US Elections in 2012 and the Future of US Asia-Pacific Policy - Current Economic Affairs and the Financial Market - An Optimist View on the Global Economy	- Charles Morrison - Charles Dallara - Guy Sorman
12-04	- FTAs, Asia-Pacific Integration and Korea - The Eurozone Crisis: Update and Outlook	- Peter A. Petri - Nicolas Véron
12-05	- China's New Leadership and Economic Policy Challenges - Can the WTO Be Resuscitated? Implications for Korea and the Asia Pacific	- Andrew Sheng - Jean-Pierre Lehmann

2013

	Title	Author
13-01	After the Crisis: What Next in 2011 and 2012?	Allen Sinai
13-02	The Eurozone Crisis and its Impact on the Global Economy	Guntram B. Wolff
13-03	- The European Sovereign Debt Crisis: Challenges and How to Solve Them - The Global Outlook: Grounds for Optimism, but Risks Remain Relevant	- Andreas Dombret - John Lipsky
13-04	- The State and Outlook of the US and Chinese Economy - Japan's Abenomics and Foreign Policy	- David Hale - Hugh Patrick/ Gerald Curtis

	Title	Author
13-05	– The Creative Economy and Culture in Korea – Abenomics, Future of the Japanese Economy and the TPP	– Guy Sorman – Yukiko Fukagawa/ Jeffrey Schott
13-06	– Unified Germany in Europe: An Economic Perspective – Chinese Economic Policymaking: A Foreigners' Perspective	– Karl-Heinz Paqué – Bob Davis
13-07	– The Outlook for Japan under Abenomics and Abenationalism – After the Pax Americana (Korea-China-Japan Political and Economic Relation: Whither to?)	– David Asher – David Filling

2014

	Title	Author
14-01	– U.S. and Global Economics – Poised for Better Times	– Allen Sinai
14-02	– Swiss Made	– R. James Breiding
14-03	– Abe in the Driver's Seat: Where is the Road Leading?	– Gerald Curtis
14-04	– The Secret of Germany's Performance: The Mittelstand Economy	– Peter Friedrich
14-05	– The Eurozone Economy: Out of the Doldrums?	– Karl-Heinz Paqué
14-06	– The Globla Economy 2014	– Martin Feldstein
14-07	– Philanthropy and Welfare	– Guy Sorman

Proceedings and Reports

	Title	Author
94-01	The Global Economy and Korea	Il SaKong
94-02	The Political Economy of Korea-US Cooperation	Il SaKong/ C. Fred Bergsten
95-01	International Next Generation Leaders Forum [I]	Institute for Global Economics
95-02	International Next Generation Leaders Forum [II]	Institute for Global Economics
95-03	Korea-US Cooperation in the New World Order	Il SaKong/ C. Fred Bergsten
96-01	The Multilateral Trading and Financial System	Il SaKong

	Title	Author
96-02	Korea-US Relations in the Globalization Era	Il SaKong/ C. Fred Bergsten
96-03	International Next Generation Leaders Forum [Ⅲ]	Institute for Global Economics
96-04	Is the Korean Semiconductor Industry in a Trap and Can It Get Out?	Institute for Global Economics
97-01	Major Issues for the Global Trade and Financial System	Il SaKong
97-02	Financial Reform in Korea	Institute for Global Economics
98-01	International Next Generation Leaders Forum [Ⅳ]	Institute for Global Economics
98-02	Korean Unification and the Current Status and Challenges for Korea-US Relationship	Il SaKong
98-03	Policy Priorities for the Unified Korean Economy	Il SaKong/ KwangSeok Kim
98-04	The Fifty Years of the GATT/WTO: Past Performance and Future Challenges	Il SaKong/ KwangSeok Kim
99-01	Asian Financial Crisis: Causes and Policy Implications	Il SaKong/ Young Hun Koo
99-02	The Asian Financial Crisis and Korea-US Relations	Institute for Global Economics
99-03	For a Better Tomorrow: Asia-Europe Partnership in the 21st Century	ASEM Vision Group
00-01	Reforming the International Financial Architecture: Emerging Market perspectives	Il SaKong/ Yunjong Wang
00-02	Northeast Asia Forum 2000	Institute for Global Economics
00-03	Proceedings of the Sixth Korea-US 21st Century Council Meeting	Institute for Global Economics
01-01	Building Constituencies for a Global Liberal Trade Agenda	Institute for Global Economics
01-02	Rebuilding the International Financial Architecture (EMEPG Seoul Report)	Emerging Markets Eminent Persons Group
03-01	The New World Order and Korea [Ⅰ]	Institute for Global Economics
03-02	The New World Order and Korea [Ⅱ]	Institute for Global Economics
03-03	The New World Order and Korea [Ⅲ]	Institute for Global Economics

	Title	Author
03-04	IGE's 10th Anniversary International Conference	Institute for Global Economics
04-01	How to Facilitate Business Start-ups	Institute for Global Economics
08-01	Globalization and Korean Financial Sector	Institute for Global Economics
09-01	Lessons from the Recent Global Financial Crisis: Its Implications for the World and Korea	Institute for Global Economics
10-01	G20 Reform Initiatives: Implications for the Future of Financial Regulation	Institute for Global Economics
10-02	G20 Seoul Summit and Development Agenda	Institute for Global Economics
12-01	New Global Financial Regulatory Regime in the Making: Impact on Asian Financial Markets and Institutions	Institute for Global Economics
12-02	Culture, Korean Economy and the Korean Wave	Institute for Global Economics
12-03	Asia in the New Global Financial Scene	Institute for Global Economics
13-01	Fostering Hidden Champions: Lessons from German Experiences	Institute for Global Economics
13-02	Unification and the Korean Economy	Institute for Global Economics
13-03	Guide to the Korean Economy in the World	Institute for Global Economics
13-04	The 20-Year Report of Activities	Institute for Global Economics
14-01	Leadership & Policy Priorities	Institute for Global Economics

IGE Brief+

2012

	Title	Author
12-01	Culture Industry, Service Trade and the Korean Economy	Chong-Hyun Nam
12-02	Korea-Japan Economic Integration: Trend and Prospect	Jongyun Lee
12-03	The Eurozone Crisis and Challenges for Korea	Jung-Taik Hyun

	Title	Author
12–04	Korea's Presidential Election 2012: Why Is It More Critical This Time?	Il SaKong
12–05	Financial Consumer Protection and the Financial Ombudsman Service	JaeUng Lee
12–06	We Must Be Prepared for the Korean Unification	Il SaKong

2013

	Title	Author
13–01	New World Economic Order and Forward–looking Korea–Japan Relationship	Il SaKong
13–02	Financial Reform and China's Political Economy	Yoon–Je Cho

2014

	Title	Author
14–01	No Future for a Society that isn't Alarmed at Attacks against Police	Il SaKong
14–02	To Make the 3–Year Agenda for Economic Reform Successful	Il SaKong
14–03	Reinventing Korea for a Trustworthy Nation	Il SaKong

Global Economic Horizons

1994

	Title	Author
94–01	Challenges of a Nomadic World	Jacques Attali
94–02	Globalism vs. Regionalism	YoungSun Lee
94–03	Prospects for the Chinese Market	Wan–soon Kim
94–04	How to Prepare for the 21st Century	Paul Kennedy
94–05	Death of Money/Post Capitalist Society	GiTaek Hong/ HanGwang Joo
94–06	Asia–Pacific Economic Cooperation in the Post–UR Era	Yoo Jae Won
94–07	Environment and Trade	Seong–Lin Na/ SeungJin Kim
94–08	Structural Adjustment in Japan and the Korean Economy	JongYoon Lee

	Title	Author
94-09	Changes in the Global Economic Environment and Options for Korea	Il SaKong
94-10	Market Opening and Management Policy in Korea	JongSeok Kim

1995

	Title	Author
95-01	Korea's Economy and its New Global Responsibilities	Il SaKong
95-02	Globalization and Competition Norm of the Enterprises	Wan-soon Kim
95-03	What is Globalization?	ByungJoo Kim
95-04	Korea and the US: The Year 2000 in the Global Economy	James Laney
95-05	Will the World Economy Collapse?	ChukKyo Kim
95-06	Possibility of Continuously Strong Yen and Korea's Countermeasures	Jin-Geun Park
95-07	Globalization and the Korean Economy: Boom or Bubble?	BonHo Koo
95-08	Preferential Trade Agreements and Policy Measures	Chong-Hyun Nam
95-09	Historical Consciousness and Korea-Japan Relations	WonTack Hong
95-10	Japan's Industrial Network Organizations and its Efficiency	JongYoon Lee
95-11	Dilemmas of International Competition	JaeUng Lee
95-12	Overview of the Post-Liberation Korean Economy and Prospects for the Future	KwangSeok Kim

1996

	Title	Author
96-01	The Domestic Futures Market: Its Planning and Prospects	Sun Lee
96-02	Will the Era for Medium-sized Firms Be Opened?	Dong-Gil Yoo
96-03	On the Collective Bargaining System of Korea	MooGi Bae
96-04	Globalization and Transformation of Businesses	Cheong Ji
96-05	Liberalization of the Financial Markets in Korea	YoungCheol Park
96-06	Multilateralism vs. Regionalism: Can It Be Compatible?	SeWon Kim
96-07	Risks and Effectiveness of the Financial Derivatives	SangKee Min

	Title	Author
96–08	Recent Economic Crisis and Policy Measures	KwangSeok Kim
96–09	Economic Development, Policy Reform and the Establishment of Competition Order	SeongSeob Lee
96–10	The Role of Government in Transition	ByeongJu Kim
96–11	New Agenda of the WTO	WanSoon Kim

1997

	Title	Author
97–01	How to Solve the Labor Law Revision?	SooGon Kim
97–02	Why a Low Economic Growth Rate is Desirable	ChukKyo Kim
97–03	Lessons from the Hanbo Crisis	JaeUng Lee
97–04	Economic Management in the Era of Globalization	DeokWoo Nam
97–05	A True Story of Company Growth: Lessons from the Hanbo Crisis	Cheong Ji
97–06	North Korea's Food Crisis and Collective Farming	PalYong Moon
97–07	Korea's Financial Sector Reform	KeSop Yun
97–08	An Aging Population and the Budget Crisis	Jong–Gi Park
97–09	Korea's Response Strategies Based on a General Model of Foreign Exchange Crisis	JinGeun Park
97–10	How to Open an Era of Ventures	Dong–Gil Yoo

1998

	Title	Author
98–01	Has Korea's Economic Miracle Ended?	Chong–Hyun Nam
98–02	The Impossibility of Overcoming a Crisis without a Grand Paradigm Shift	DaeHee Song
98–03	Corporate Restructuring and Desirable Relationships between Banks and Corporations	SangWoo Nam
98–04	A Search for New Corporate Governance and Roles of Outside Directors	Yeong–gi Lee
98–05	Suggestions for Breaking the Circle of High Investments and High Savings	YeongTak Lee

1999

	Title	Author
99-01	Prospects and Agenda for Pension Reform	Jong-Ki Park
99-02	The Subway Strike and Review of Issues Regarding Full Time Unionists	Soo-Gon Kim
99-03	Financial Restructuring and Financing for Small- and Medium-sized Firms	JunGyeong Park
99-04	Environmental Policy Agenda for the 21st Century	Jong-Ki Kim
99-05	How to Deal with Income Distribution Problems in Korea	KwangSeok Kim
99-06	Fallacy and Reality in Productive Social Welfare System	Kwang Choi
99-07	Toward Closer Economic Cooperation among Korea, China and Japan in the Age of Globalization	Il SaKong
99-08	WTO New Round - Recent Ministerial Meeting in Seattle and its Prospect	Tae-ho Bark

2000

	Title	Author
00-01	The Prospect and Policy Alternatives for the Korean Economy 2000	Joon-Kyung Kim
00-02	What Happened to the Debate on the Global Financial Architecture?	Il SaKong
00-03	The Recent Financial Crisis and Korea's Economic Future	Il SaKong
00-04	Revisit of High Cost with Low Efficiency	JongYun Lee
00-05	Is Asia's Recovery Sustainable?	Il SaKong
00-06	The International Economic Environment and Korean Economic Development	Yoon-Je Cho
00-07	The Role of International Investors in the Evolution of Corporate Governance in Korea	JaeUng Lee
00-08	US Restructuring Experience and Lessons	YeongSe Lee

2001

	Title	Author
01-01	A Perspective of Korean Industries and Strategies for Industrial Development	DoHoon Kim
01-02	Reconsidering Working Five Days a Week	Young-bum Park

Research Reports (Global Economy Series)

1994

	Title	Author
94-01	The Task of Asia-Pacific Economic Cooperation in the Post-UR Era and Policy Options for Korea	JaeWon Yoo
94-02	Current Discussions on Environment - Trade Relations and its Implications for Korean Trade	SeungJin Kim/ SeongRin Na
94-03	Japan's Structural Adjustments to a Strong Yen and Strategies for the Korean Economy	JongYun Lee
94-04	Market Opening and Management Policy in Korea	JongSeok Kim

1995

	Title	Author
95-01	Foreign Direct Investment in Korea: Its Current Status and Policy Recommendations	HanGwang Joo/ SeungJin Kim
95-02	Receptivity of Business Process Re-engineering in Korean and Japanese Firms	JaeGyu Lee
95-03	The World Trade Organization Regime and Korea's Strategy	JiHong Kim

1996

	Title	Author
96-01	The Domestic Futures Market: Its Planning and Prospects	Sun Lee
96-02	Japan's Industrial Network Organization and its Efficiency: A Case Study of the Automobile Industry	JongYun Lee

1997

	Title	Author
97-01	Romania's Economic Situation and Major Reform Issues	GwangSeok Kim/ ByeongJi Kim/ IlDong Koh

1998

	Title	Author
98-01	Sources of Korea's Economic Growth and Future Growth Potentials	KwangSeok Kim
98-02	Trade Patterns between Korea and ASEAN Countries: Their Changes and Korea's Response	SeungJin Kim
98-03	The Global Trading System: Challenges Ahead	WanSoon Kim/ NakGyun Choi
98-04	International Trends in the Information Society and Korea's Strategy	JongGuk Park

2000

	Title	Author
00-01	Financial Crisis and Industry Policy in Korea	YeongSe Lee / YongSeung Jeong

2001

	Title	Author
01-01	Korea's Industrial and Trade Policies: Their Evolution from 1961 to 1999	KwangSeok Kim
01-02	Technology Transfer and the Role of Information in Korea	YeongSe Lee

Specialist's Diagnosis

2004

	Title	Author
04-01	A Critical Assessment of Korea's FTA Policy	Chong-hyun Nam
04-02	A Foreign Businessman's Observation on the Korean Economy and Other Things	William C. Oberlin

2005

	Title	Author
05-01	Korea in the World Economy: Challenges and Prospects	Il SaKong

Special Lecture Series

1993

No.	Date	Title	Speaker
93–01	Feb 11	Clintonomics and the New World Order: Implications for Korea–US Relations	C. Fred Bergsten
93–02	Mar 18	The Uruguay Round, NAFTA and US–Korea Economic Relations	Jeffrey Schott
93–03	Apr 9	The Economy and Financial Markets: Outlook and Issues	Allen Sinai
93–04	Jun 22	Economic Outlook for the Pacific and Implications for Korea	Lawrence Krauss
93–05	Nov 4	Challenges of a Nomadic World	Jacques Attali

1994

No.	Date	Title	Speaker
94–01	Jan 5	Korea in the World: Today and Tomorrow	Paul Kennedy
94–02	Mar 22	US–Japan Technological Competition and Implications for Korea	Ronald A. Morse
94–03	Mar 25	The Problems of the Japanese Economy and their Implications for Korea	Toyoo Gyohten
94–04	Apr 18	Changing US and World Economies and their Market Prospects	Allen Sinai
94–05	Jun 28	Prospects for East European Economy and Implications for Korea	Ronald Freeman
94–06	Sep 6	Prospects for New World Monetary System and Implications for Korea	John Williamson
94–07	Oct 18	Prospects for New Trade Order and Implications for Korea	Arthur Dunkel
94–08	Dec 15	Financial Reform for the New Economy: Evaluations and Prospects	Jaeyoon Park

1995

No.	Date	Title	Speaker
95–01	Jan 26	Strategies for Globalization and Future Economic Policy	JaeHyong Hong
95–02	Jan 27	Mexican Peso Crisis and its Implications for the Global Financial Market	Charles Dallara

No.	Date	Title	Speaker
95-03	Mar 6	The World Economic Trend and US Economic Outlook	Allen Sinai
95-04	Mar 29	Korea and US: The Year 2000 in the Global Economy	James Laney
95-05	Apr 11	New Games, New Rules, and New Strategies	Lester Thurow
95-06	Apr 21	The United States and North Korea Future Prospects	Robert Scalapino
95-07	May 18	US Foreign Policy toward East Asia and the Korean Peninsula	James A. Baker Ⅲ
95-08	Jun 14	New World Trade Regime in the Post-UR Era and its Implications for Korea	Anne O. Krueger
95-09	Jun 20	International Financial System after Mexico and Recent Currency Crisis	Stanley Fischer
95-10	Jul 19	The World Trade Organization – New Challenges	Jagdish Bhagwati
95-11	Sep 1	Prospects for Northeast Asian Development and the Role of Korea	Hisao Kanamori
95-12	Oct 17	Russian Intelligence System: Past Performance and Future Prospects	Vadim Kirpitchenko
95-13	Oct 19	Trends of the International Financial Market and Prospects of Global Economy	Allen Sinai
95-14	Nov 7	Current US Political Trends and their Implications for US-Korea Relations	Thomas Foley
95-15	Nov 13	APEC and the World Multilateral Trading System	C. Fred Bergsten
95-16	Nov 28	International Monetary Regime – Current Status and Future Prospects	Toyoo Gyohten
95-17	Dec 6	WTO and the World Trading System – Where Do We Go from Here?	Anne O. Krueger

1996

No.	Date	Title	Speaker
96-01	Jan 25	Challenges for the Global Trading System	Robert Lawrence
96-02	Feb 1	Trade Polices of the New Economy	Jaeyoon Park
96-03	Feb 26	Technology Issues in the International Trading System	Sylvia Ostry
96-04	Mar 19	Information Era: Korea's Strategies	Sukchae Lee

No.	Date	Title	Speaker
96-05	Apr 9	Future European Model: Economic Internationalization and Culture Decentralization	Jørgen Ørstrøm Møller
96-06	Apr 23	Evolving Role of the OECD in the Global Economy	Donald Johnston
96-07	May 7	New Issues for the Multilateral Trading System: Singapore and Beyond	Chulsu Kim
96-08	May 17	Financial Globalization and World Economy: Implications for Korea	Paul A. Volker
96-09	May 21	Cooperation or Conflict? - A European Perspective on East Asia's Place in the Global Economy	Martin Wolf
96-10	May 23	East Asia in Overdrive: Multinationals and East Asian Integrations	Wendy Dobson
96-11	May 28	Japan's Banking Difficulties: Causes and Implications	Hugh Patrick
96-12	Jun 29	The Political Context and Consequences of East Asian Economic Growth	Francis Fukuyama
96-13	Jul 9	President Clinton's First Term and Prospects for a Second: Implications for Korea	Robert Warne
96-14	Sep 17	Global Free Trade: A Vision for the Early 21st Century	C. Fred Bergsten
96-15	Oct 22	Korea's New Global Responsibilities	A. W. Clausen
96-16	Nov 26	The Free Trade Area of Clinton's Second Term: Implications for APEC and Korea	Richard Feinberg

1997

No.	Date	Title	Speaker
97-01	Feb 25	Economic management in the Era of Globalization	Duckwoo Nam
97-02	Mar 18	German Unification: Economic Consequences and Policy Lessons	Juergen B. Donges
97-03	May 27	American Security Policy in the Asia Pacific- Three Crisis and How We Dealt With Them	William Perry
97-04	Jun 10	Global Cooperations and National Government: Why We Need Multilateral Agreement on Investment	Edward Graham

No.	Date	Title	Speaker
97–05	Jul 8	Public Sector Reform in New Zealand and its Relevance to Korea	Donald Hunn
97–06	Sep 18	Korean–American Relations: The Search for Stability at a Time of Change	W. Anthony Lake
97–07	Oct 21	Korea: From Vortex to Hub of Northeast Asia	Donald P. Gregg
97–08	Dec 9	The Japanese Economic Slump and Currency Crises in Other East Asian Economies	Ronald McKinnon

1998

No.	Date	Title	Speaker
98–01	Jan 14	Globalization and versus Tribalization: The Dilemma at the End of the 20th Century	Guy Sorman
98–02	Feb 3	Asian Currency Turmoil and Japan's Role	Takatoshi Kato
98–03	Feb 5	The Asian Financial Crisis and Challenges Facing Korea: From An American Perspective	Charles Dallara
98–04	Apr 28	The Significance of the European Economic Monetary Union: in Europe and Beyond	Tue Rohsted
98–05	Jun 23	Asian Currency Crisis: What Has Happened?	Anne O. Krueger
98–06	Sep 17	How to Reform Public Sector Management	Nyum Jin
98–07	Dec 4	Economic Outlook for 1999: Asia and Korea	Hubert Neiss
98–08	Dec 11	North Korea in Global Perspective	Marcus Noland

1999

No.	Date	Title	Speaker
99–01	Feb 11	Korea in the World Economy: An OECD Appreciation of its Newest Member	Donald Johnston
99–02	Mar 5	Prospects for US Stock Exchanges and US Economy	Richard A. Grasso
99–03	Apr 6	The International Financial Market and the US Dollar/Yen Exchange Rate: An Overview and Prospects for the Future	Kenneth S. Courtis
99–04	May 19	Reflections on Contrasting Present–day US and Japanese Economic Performances	Hugh Patrick

No.	Date	Title	Speaker
99-05	Jul 22	Challenge for the World Economy: Where Do the Risks Lie?	Rudiger Dornbusch
99-06	Oct 5	How Should Korea Cope With Financial Globalization	James P. Rooney
99-07	Dec 2	Global Financial Market: Current Status and Prospects	Robert Hormats
99-08	Dec 14	North Korea-US Relationship: Its Current Condition and Future Prospects	Stephen W. Bosworth

2000

No.	Date	Title	Speaker
00-01	Jan 19	The Outlook for Asia and Other Emerging Markets in 2000	Charles Dallara
00-02	Feb 15	Global New Economy: Challenges and Opportunities for Korea	Soogil Young
00-03	Feb 29	Asia Grows, and Japan Slows- Prospect for the World Economy and Markets	Kenneth S. Courtis
00-04	Mar 28	The Future of International Financial System and its Implications for Korea	Morris Goldstein
00-05	Apr 26	Policies toward Continued Corporate and Financial Reform	Youngkeun Lee
00-06	May 26	Prospects for Millenium Round Trade Negotiations and Korea-US Free Trade Agreement	Jeffrey Schott
00-07	Jun 23	Prospects for Multilateral Economic Institutions	Anne O. Krueger
00-08	Jul 13	Avoiding the Apocalypse: The Future of the Two Koreas	Marcus Noland
00-09	Sep 14	Attracting FDI in the Knowledge Era	Andrew Fraser
00-10	Nov 10	The Economic and Foreign Policies of the New US Administration and Congress	C. Fred Bergsten

2001

No.	Date	Title	Speaker
01-01	Feb 6	The US Economy on the Brink? Japan on the Edge? Implications for Asian and the World Economy	Kenneth S. Courtis

No.	Date	Title	Speaker
01–02	Feb 27	Economic Policy of the Bush Administration toward Korea	Marcus Noland
01–03	Apr 26	Jeffrey Jones' Evaluation of Korean Business and Economy: Overcoming Three 'C's	Jeffrey D. Jones
01–04	Jun 5	High Tech, The Consequences of our Relationship with Technology on our Lives and Businesses	John Naisbitt
01–05	Jul 9	Korea and the IMF	Stanley Fischer
01–06	Jul 19	Outlook on Korea Over the Next Ten Years	Dominic Barton
01–07	Sep 4	The World Dollar Standard and the East Asian Exchange Rate Dilemma	Roland McKinnon
01–08	Oct 9	Europe's Role in Global Governance and Challenges to East Asia/Korea	Pierre Jacquet
01–09	Nov 6	Globalization and Dangers in the World Economy	Martin Wolf
01–10	Nov 16	Preventing Financial Crises: The Chilean Perspective	Carlos Massad
01–11	Nov 20	The New US–Japan Economic Relationship and Implications for Korea	Marcus Noland

2002

No.	Date	Title	Speaker
02–01	Jan 9	Globalization: A Force for Good	Patricia Hewitt
02–02	Jan 16	The World After 9/11: A Clash of Civilizations?	Francis Fukuyama
02–03	Feb 22	Hanging Together: On Monetary and Financial Cooperation in Asia	Barry Eichengreen
02–04	Apr 16	US and Global Recovery: For Real? Prospects and Risks	Allen Sinai
02–05	May 7	The Global Economy Rebounds – But How Fast and For How Long? Issues and Implications for Korea	Kenneth S. Courtis
02–06	Jun 14	The US Economy and the Future of the Dollar	Marcus Noland
02–07	Jul 10	The Doha Round: Objectives, Problems and Prospects	Jagdish Bhagwati

No.	Date	Title	Speaker
02-08	Sep 24	The Outlook for Korea and the Global Economy 2002-2003	Paul F. Gruenwald
02-09	Oct 11	The Outlook for US Economy, the Dollar and US Trade Policy	C. Fred Bergsten
02-10	Oct 22	9/11 and the US Approach to the Korean Peninsula	Thomas C. Hubbard
02-11	Oct 24	The US and World Economy: Current Status and Prospects	John B. Taylor
02-12	Dec 3	New Challenges and Opportunities for the Global Telecommunications and Information Industries	Peter F. Cowhey

2003

No.	Date	Title	Speaker
03-01	Apr 8	The US and World Economy: After the Iraq War	Allen Sinai
03-02	May 30	2003 Global Economy and Key Economic Issues: From the OECD's Perspectives	Donald Johnston
03-03	Jun 10	The New Role of the US in the Asia-Pacific	Charles Morrison
03-04	Jul 4	Global Economic Outlook and the Impact of President Bush's Economic Stimulus Package	Phil Gramm
03-05	Oct 28	The Global Exchange Rate Regime and Implications for East Asian Currencies	John Williamson
03-06	Nov 4	Europe and Germany in Transition, Where Will the Economies Go?	Hans Tietmeyer
03-07	Nov 21	Regional Financial Cooperation in East Asia	Eisuke Sakakibara

2004

No.	Date	Title	Speaker
04-01	Feb 3	An Outlook for the US and World Economy in 2004	Allen Sinai
04-02	Apr 7	Korea After Kim Jong-il	Marcus Noland
04-03	Apr 21	A Foreign Businessman's Observations on Korean Economy and Other Things	William C. Oberlin

No.	Date	Title	Speaker
04-04	Jun 1	– The US Election, US-Japan Relations, and Implications for Korea – US Economic Performance, Japanese Economic Performance, and Implications for Korea	– Gerald Curtis – Hugh Patrick
04-05	Jul 13	China's Economic Rise and New Regional Growth Paradigm	Zhang Yunling
04-06	Oct 14	The Case for a Common Currency in Asia	Robert Mundell
04-07	Nov 2	Impact of the Presidential Election on US Trade Policy	Peter F. Cowhey
04-08	Dec 7	Asia in Transition and Implication for Korea	Dominic Barton

2005

No.	Date	Title	Speaker
05-01	Jan 18	Post-Election US and Global Economies and Markets Prospects, Risks, and Issues	Allen Sinai
05-02	Mar 2	The Korean Economy: A Critical Assessment from the Japanese Perspective	Yukiko Fukagawa
05-03	Apr 12	A Rating Agency Perspective on Korea	Thomas Byrne
05-04	May 10	The Impact of China and India on the World Economy	Wendy Dobson
05-05	May 31	Visions of East Asian and Asian-Pacific Integration: Competing or Complementary	Robert Scollay
05-06	Jun 30	Mutual Independence: Asia and the International Economy	Anne O. Krueger
05-07	Sep 1	The Blind Man and the Elephant: Competing Perspectives on Global Imbalances	Barry Eichengreen
05-08	Oct 13	Measuring American Power in Today's Complex World	Paul Kennedy
05-09	Oct 28	China "Rising": What Lessons for Today from the Past?	Bernard Gordon
05-10	Nov 15	Oil Prices, Ben Bernanke, Inflation, and the Fourth Energy Recession	Philip K. Verleger

2006

No.	Date	Title	Speaker
06-01	Jan 23	US Global Economy and Financial Market Prospects: Picking up Steam	Allen Sinai
06-02	Feb 14	Korea-US FTA: A Path to Sustainable Growth	Alexander Vershbow
06-03	Mar 28	Japan's Economic Recovery: Policy Implication for Korea	Yukiko Fukagawa
06-04	Apr 18	The Global Scramble for IT Leadership: Winners and Losers	George Scalise
06-05	May 10	Korea's Growing Stature in the Global Economy	Charles Dallara
06-06	Jun 20	Japan's Foreign Policy for Economy and Japan-Korea FTA	Oshima Shotaro
06-07	Jun 30	Whither China?	Richard N. Cooper
06-08	Jul 20	M&A in the 21st Century and its Implications	Rpbert F. Bruner
06-09	Sep 1	Korea and the US - Forging a Partnership for the Future: A View from Washington	Edwin J. Feulner
06-10	Sep 12	Asian Economic Integration and Common Asian Currency	Eisuke Sakakibara
06-11	Sep 15	Germany: Understanding the Economic Underperformance since Reunification	Juergen B. Donges
06-12	Sep 21	Changing Economic Environment and their Implications for Korea	Angel Gurría
06-13	Oct 12	The Feasibility of Establishing an East Asian FTA: A Chinese Perspective	Zhang Yunling
06-14	Nov 9	The Global Oil and Gas Market: Paradigm Shift and Implications for Korea	Fereidun Fesharaki
06-15	Nov 29	The Changing World Economy and its Implications for Korea	Anne O. Krueger

2007

No.	Date	Title	Speaker
07-01	Jan 9	Seismic Shifts, the World Economy, and Financial Markets in 2007	Allen Sinai
07-02	Feb 13	The Longest Recovery of the Japanese Economy: Prospects and Challenges	Yukiko Fukagawa
07-03	Mar 9	Digital Networked Economy and Global Corporate Strategy	Ben Verwaayen

No.	Date	Title	Speaker
07-04	May 3	The Outlook for East Asian Economic Integration: Coping with American Protectionism, Chinese Power, and Japanese Recovery	David Hale
07-05	May 8	Key Trend in the 2008 US Presidential Campaign	Stephen J. Yates
07-06	May 11	Strengthening Korea's Position in the Global Economy	Charles Dallara
07-07	Jun 21	Moving Forward the KORUS FTA: Now for the Hard Time	Jeffrey Schott
07-08	Aug 24	The Korea Economy and the FTA with the United States	Barry Eichengreen
07-09	Oct 4	Why the US Will Continue to Lead the 21st Century?	Guy Sorman
07-10	Oct 19	The Outlook of the Indian Economy from Business Perspective: Implications for Korean Business	Tarun Das
07-11	Oct 25	Globalization, Diversity and Recruitment of Business Talents	Ben Verwaayen
07-12	Nov 8	Economic Outlook for Korea and the Region	Jerald Schiff
07-13	Dec 14	Successes of Globalization: the Case of Korea	Anne O. Krueger

2008

No.	Date	Title	Speaker
08-01	Jan 15	The US "Risk" to Asia and the Global Expansion	Allen Sinai
08-02	Mar 25	Sovereign Wealth Funds: Perceptions and Realities	Robert C. Pozen
08-03	May 14	Europe's Slow Growth: A Warning for Korea	Guy Sorman
08-04	May 30	Global Challenges that Will Confront the Next US President	James A. Baker Ⅲ
08-05	Jun 10	Current Status and Prospects of the Japanese Capital Market	Atsushi Saito
08-06	Jun 18	Economic and Political Outlook for America and their Implications to the World	Phil Gramm

No.	Date	Title	Speaker
08-07	Sep 17	The Outlook of the Regional and Global Economic and Financial Situation: Perspectives on International Banking	Charles Dallara
08-08	Sep 23	Can South Korea Still Compete?	Guy Sorman
08-09	Oct 17	Global Financial Markets under Stress	Jeffrey Shafer
08-10	Nov 4	Current Global Financial Crisis, the Dollar, and the Price of Oil	Martin Feldstein
08-11	Dec 9	Global and Regional Economic Development and Prospects, and the Implications for Korea	Subir Lall

2009

No.	Date	Title	Speaker
09-01	Jan 13	Competing in an Era of Turbulence and Transition	Deborah Wince-Smith
09-02	Feb 3	US and Global Economic and Financial Crisis: Prospects, Policies, and Perspectives	Allen Sinai
09-03	Feb 24	Current Crisis and the Impact on Developing Countries	Danny Leipziger
09-04	Feb 25	US Trade Policy in the Obama Era	Jeffrey Schott
09-05	Mar 19	Obama, Can It Work?	Guy Sorman
09-06	Apr 15	Lessons from the Current Economic Crisis	Anne O. Krueger
09-07	Jun 23	Beyond Keynesianism	Justin Yifu Lin
09-08	Jul 21	The US-Korea Economic Partnership: Working Together in a Time of Global Crisis	Jeffrey Schott
09-09	Aug 20	Prospects for Investment after the Current Economic Crisis: The Role of IFC and Developing Countries	Lars H. Thunell
09-10	Oct 15	Is a Double-Dip a Realistic Possibility?	SungWon Sohn
09-11	Dec 8	The EU in Transition in the New Global Paradigm: Opportunities for Korea?	Jean-Pierre Lehmann

2010

No.	Date	Title	Speaker
10-01	Jan 21	Aftermath of the 'Crisis': US and Global Prospects, Legacies, and Policies	Allen Sinai
10-02	Apr 8	Japan and Korea in Globalization and its Backlash: Challenges and Prospects	Yukiko Fukagawa
10-03	Apr 22	Emerging Markets and New Frontiers	Mark Mobius
10-04	May 18	An Overview of China: Economic Prospects and Challenges	Danny Leipziger
10-05	Jul 13	Asia in the Global Economy	Dominique Strauss-Kahn
10-06	Aug 31	The Global Economy: Where Do We Stand?	Anne O. Krueger
10-07	Oct 15	How Close Are We to a Double-Dip and Deflation?	SungWon Sohn
10-08	Nov 5	Rebalancing the World Economy	Paul A. Volcker

2011

No.	Date	Title	Speaker
11-01	Jan 20	After the Crisis: What Next in 2011 and 2012?	Allen Sinai
11-02	Feb 24	Economic Outlook and Future Challenges in Developing Asia	Haruhiko Kuroda
11-03	Mar 23	Europe's Financial Woes	Richard N. Cooper
11-04	Apr 28	Safety and Economics of Nuclear Power	SoonHeung Chang
11-05	May 24	Can the G20 Save Globalization and Multilateralism?	Danny Leipziger
11-06	Jun 29	Markets, Economic Changes, and Political Stability in North Korea	Marcus Noland
11-07	Aug 30	A Special Lecture on the Rebalancing of the Chinese Economy	Yu Yongding
11-08	Dec 31	Global Economic Turbulence and Investment Implications	SungWon Sohn

2012

No.	Date	Title	Speaker
12–01	Jan 19	US and Global Economy and Markets Turmoil: What Lies Ahead?	Allen Sinai
12–02	Mar 13	The US Elections in 2012 and the Future of US Asia–Pacific Policy	Charles Morrison
12–03	Jun 22	Advancement and Education of Science and Technology University and Economic Growth	NamPyo Suh
12–04	Jul 17	Prospects of the Eurozone Crisis and its Implications for the Global Economy	Hans Martens
12–05	Sep 14	Current Economic Affairs and the Financial Market	Charles Dallara
12–06	Sep 18	An Optimist View on the Global Economy	Guy Sorman
12–07	Oct 11	FTAs, Asia–Pacific Integration and Korea	Peter A. Petri
12–08	Oct 29	The Eurozone Crisis: Update and Outlook	Nicolas Veron
12–09	Nov 21	China's New Leadership and Economic Policy Challenges	Andrew Sheng
12–10	Dec 7	Can the WTO Be Resuscitated? Implications for Korea and the Asia Pacific	Jean–Pierre Lehmann

2013

No.	Date	Title	Speaker
13–01	Jan 10	The US and Global Economies after the US Election and in the New Year	Allen Sinai
13–02	Jan 17	The Eurozone Crisis and its Impact on the Global Economy	Guntram B. Wolff
13–03	Feb 8	The European Sovereign Debt Crisis: Challenges and How to Solve Them	Andreas Dombret
13–04	Mar 22	The Global Outlook: Grounds for Optimism, but Risks Remain Relevant	John Lipsky
13–05	Apr 3	The State and Outlook of the US and Chinese Economy	David Hale
13–06	Apr 9	Japan's Abenomics and Foreign Policy	Hugh Patrick/ Gerald Curtis
13–07	Apr 30	The Creative Economy and Culture in Korea	Guy Sorman
13–08	May 21	The Japanese Economy and Trans–Pacific Partnership (TPP)	Yukiko Fukagawa/ Jeffrey Schott
13–09	Jun 27	Unified Germany in Europe: An Economic Perspective	Karl–Heinz Paqué

No.	Date	Title	Speaker
13–10	Jul 19	Chinese Economic Policymaking: A Foreigner's Perspective	Bob Davis
13–11	Sep 27	Japanese Politics and Abenomics Implications for Korea and the World	David Asher
13–12	Nov 15	Korea–China–Japan Economic and Political Relations: Wither to?	David Philling

2014

No.	Date	Title	Speaker
14–01	Jan 7	U.S. and Global Economics – Poised for Better Times?	Allen Sinai
14–02	Jan 14	Swiss Made	R. James Breiding
14–03	Feb 20	Abe in the Driver's Seat: Where is the Road Leading?	Gerald Curtis
14–04	Feb 26	The Secret of Germany's Performance: The Mittlestand Economy	Peter Friedrich
14–05	Mar 5	The Eurozone Economy: Out of Doldrums?	Karl–Heinz Paqué
14–06	Mar 17	The Global Economy 2014	Martin Feldstein
14–07	Apr 3	Philanthropy and Welfare	Guy Sorman
14–08	May 16	Global Trade Environment and the Future of the World Economy	Roberto Azevedo
14–09	May 23	From BRICS to America	SungWon Sohn

세계경제연구원 간행물

Occasional Paper Series

1993

연 번	제 목	저 자
93-01	Clintonomics and the New World Order: Implications for Korea-US Relations	C. Fred Bergsten
93-02	The Uruguay Round, NAFTA, and US-Korea Economic Relations	Jeffrey Schott

1994

연 번	제 목	저 자
94-01	21세기 준비 어떻게 할 것인가	Paul Kennedy
94-02	미국과 일본 간의 기술경쟁과 한국에 미칠 영향	Ronald A. Morse
94-03	일본경제, 무엇이 문제인가	Toyoo Gyohten
94-04	미국경제와 세계경제: 현황과 전망	Allen Sinai
94-05	국제환율제도 이대로 좋은가	John Williamson
94-06	The Promises of the WTO for the Trading Community	Arthur Dunkel

1995

연 번	제 목	저 자
95-01	멕시코 페소화 위기와 세계금융시장 동향	Charles Dallara
95-02	세계경제 동향과 미국경제 전망	Allen Sinai
95-03	새로운 게임, 새로운 규칙과 새로운 전략	Lester Thurow
95-04	미국 · 북한관계 전망	Robert Scalapino
95-05	미국의 동아시아 정책과 한반도	James A. Baker Ⅲ
95-06	미일 무역마찰과 한국	Anne O. Krueger
95-07	동북아경제권 개발 전망: 일본의 시각	Hisao Kanamori

1996

연 번	제 목	저 자
96-01	Trends of International Financial Market and Prospects of Global Economy in 1996	Allen Sinai
96-02	유럽연합(EU)의 앞날과 세계경제	Jørgen Ørstrøm Møller
96-03	세계경제와 OECD의 역할	Donald Johnston

연 번	제 목	저 자
96-04	동아시아 경제성장의 정치적 배경과 영향	Francis Fukuyama
96-05	국제사회에서의 한국의 새 역할	A. W. Clausen

1997

연 번	제 목	저 자
97-01	다국적기업과 동아시아 경제통합	Wendy Dobson
97-02	아태 지역에 대한 미국의 안보정책	William J. Perry
97-03	뉴질랜드의 공공부문 개혁	Donald Hunn

1998

연 번	제 목	저 자
98-01	범세계적 기업과 다자간 투자협정	Edward M. Graham
98-02	변화 속의 안정: 새로운 한미 관계의 모색	W. Anthony Lake
98-03	한국: 동북아의 새로운 협력 중심으로	Donald P. Gregg
98-04	경제적 측면에서 본 독일 통일의 교훈	Juergen B. Donges
98-05	세계화와 종족화: 20세기 말의 딜레마	Guy Sorman

1999

연 번	제 목	저 자
99-01	북한의 정치 · 경제 상황과 동북아 안보	Marcus Noland
99-02	엔-달러 환율과 국제금융시장	Kenneth S. Courtis
99-03	한국과 아시아 경제: 전망과 정책대응	Donald Johnston/ Hubert Neiss
99-04	미국과 일본경제의 비교평가	Hugh Patrick
99-05	세계경제: 도전과 전망	Rudiger Dornbusch

2000

연 번	제 목	저 자
00-01	한미관계: 번영과 안보의 동반자	Stephen W. Bosworth
00-02	글로벌 뉴 이코노미: 도전과 한국의 활로	양수길
00-03	금융감독의 세계적 조류	이용근
00-04	성장하는 아시아와 침체 속의 일본	Kenneth S. Courtis
00-05	세계금융체제의 미래와 우리의 대응	Morris Goldstein
00-06	시애틀 이후의 WTO와 한미 FTA전망	Jeffrey Schott/ 최인범

연 번	제 목	저 자
00-07	다자간 국제경제기구의 미래와 전망	Anne O. Krueger
00-08	남북한 관계: 현황과 전망	Marcus Noland
00-09	Knowledge 시대의 외국인 직접투자 유치	Andrew Fraser
00-10	미국 新행정부 및 의회의 대외 · 경제정책방향	C. Fred Bergsten
00-11	한미관계: 번영과 안보의 동반자	Stephen W. Bosworth
00-12	2000년 국제금융 및 신흥시장 전망	Charles Dallara/ Robert Hormats
00-13	기업 · 금융 관계: 현황과 전망	이용근
00-14	금융세계화, 어떻게 대처하나	James P. Rooney

2001

연 번	제 목	저 자
01-01	2001년 미국, 일본경제와 아시아	Kenneth S. Courtis
01-02	부시행정부의 對韓 경제정책과 한국의 대응	Marcus Noland
01-03	3C를 극복하자	Jeffrey D. Jones
01-04	하이테크와 비즈니스, 그리고 세계경제	John Naisbitt
01-05	한국과 IMF	Stanley Fischer
01-06	한국경제의 향후 10년	Dominic Barton
01-07	세계 달러본위제도와 동아시아 환율딜레마	Ronald McKinnon
01-08	新국제질서 속의 유럽과 한국	Pierre Jacquet

2002

연 번	제 목	저 자
02-01	금융위기 再發 어떻게 막나: 칠레의 경험을 중심으로	Carlos Massad
02-02	세계경제의 기회와 위험	Martin Wolf
02-03	美 · 日 경제현황과 한국의 대응	Marcus Noland
02-04	미국경제와 세계경제: 회복가능성과 위험	Allen Sinai
02-05	세계화: 혜택의 원동력	Patricia Hewitt
02-06	9 · 11테러사태 이후의 세계질서: 문명의 충돌인가?	Francis Fukuyama
02-07	아시아지역의 통화 · 금융 협력	Barry Eichengreen
02-08	세계경제, 회복되나?	Kenneth S. Courtis
02-09	미국경제와 달러의 장래	Marcus Noland
02-10	도하라운드: 문제점과 전망	Jagdish Bhagwati
02-11	2003 한국경제와 세계경제 전망	Paul F. Gruenwald
02-12	미국경제 현황과 세계경제의 앞날	John B. Taylor

연 번	제 목	저 자
02-13	9 · 11사태와 미국의 한반도정책	Thomas C. Hubbard
02-14	미국 경제, 달러 및 대외통상정책 방향	C. Fred Bergsten
02-15	미국의 IT산업 관련 정책과 한국	Peter F. Cowhey

2003

연 번	제 목	저 자
03-01	이라크전 이후의 미국경제와 세계경제	Allen Sinai
03-02	OECD가 본 한국경제	Donald Johnston
03-03	아태 지역에서의 미국의 새 역할	Charles Morrison
03-04	세계경제 전망과 부시행정부의 경기부양책	Phil Gramm
03-05	침체된 독일 · 유럽 경제가 주는 정책적 교훈과 시사	Hans Tietmeyer
03-06	동아시아 금융협력과 한국	Eisuke Sakakibara
03-07	세계환율체제 개편과 동아시아 경제	John Williamson

2004

연 번	제 목	저 자
04-01	2004 미국경제와 세계경제 전망	Allen Sinai
04-02	김정일 이후의 한반도	Marcus Noland
04-03	미국 대통령 선거와 韓 · 美 · 日관계	Hugh Patrick/ Gerald Curtis
04-04	중국경제의 부상과 동북아 지역경제	Zhang Yunling
04-05	아시아 화폐단일화, 가능한가?	Robert Mundell
04-06	외국기업인의 눈에 비친 한국경제	William C. Oberlin

2005

연 번	제 목	저 자
05-01	대통령선거 이후의 미국 통상정책, 어떻게 되나	Peter F. Cowhey
05-02	아시아 경제 · 무역환경, 어떻게 전개되나?	Dominic Barton
05-03	제2기 부시 행정부의 경제정책과 세계경제 및 시장 전망	Allen Sinai
05-04	일본의 시각에서 본 한국경제의 활로	Yukiko Fukagawa
05-05	세계경제, 무엇이 문제인가	Barry Eichengreen
05-06	세계 속의 한국경제: 역할과 전망	Anne O. Krueger
05-07	중국과 인도가 세계경제에 미치는 영향	Wendy Dobson
05-08	동아시아와 아태지역 경제통합	Robert Scollay
05-09	국제신용평가기관이 보는 한국	Thomas Byrne

2006

연번	제목	저자
06-01	고유가와 세계경제의 앞날	Philip K. Verleger
06-02	2006년 미국경제/세계경제와 금융시장 전망	Allen Sinai
06-03	한미 FTA: 지속성장의 활로	Alexander Vershbow
06-04	일본의 대외경제정책과 한일 FTA	Oshima Shotaro
06-05	일본경제 회생과 한국경제	Yukiko Fukagawa
06-06	세계 M&A시장 현황과 전망: 우리의 대응	Robert F. Bruner
06-07	세계인이 보는 한국경제는?	Charles Dallara
06-08	아시아 공통통화와 아시아 경제통합	Eisuke Sakakibara
06-09	미국의 힘은 얼마나 강하며, 중국의 부상은 어떻게 보아야 하는가?	Paul Kennedy/ Bernard Gordon
06-10	– 20년 후의 중국, 어떤 모습일까? – 세계 IT 리더십 경쟁: 승자와 패자	– Richard N. Cooper – George Scalise

2007

연번	제목	저자
07-01	한미관계: 새로운 동반자 시대를 지향하며	Edwin J. Feulner
07-02	통일 이후 독일: 경제침체의 교훈	Juergen B. Donges
07-03	2007년 세계경제와 금융시장의 지각변동	Allen Sinai
07-04	급변하는 세계경제환경, 어떻게 대처해야 하나	Angel Gurría
07-05	동아시아 FTA 가능한가?: 중국의 시각	Zhang Yunling
07-06	구조적 변화 맞고 있는 세계석유시장과 한국	Fereidun Fesharaki
07-07	변모하는 세계경제와 한국	Anne O. Krueger
07-08	되살아나는 일본경제: 전망과 과제	Yukiko Fukagawa
07-09	디지털 네트워크 경제와 글로벌 기업 전략	Ben Verwaayen
07-10	한미 FTA: 미국의 시각	Jeffrey Schott
07-11	한미 FTA와 한국경제의 미래	Barry Eichengreen
07-12	– 동아시아 경제통합, 어떻게 보나 – 한국경제 및 동아시아경제 전망	– David Hale – Jerald Schiff
07-13	– 21세기는 여전히 미국의 세기가 될 것인가? – 인도경제 전망과 한국 기업	– Guy Sorman – Tarun Das

2008

연번	제목	저자
08-01	국가 미래를 위한 한국의 세계화 전략	Anne O. Krueger
08-02	2008년 미국경제와 세계금융시장 동향	Allen Sinai
08-03	유럽의 경제침체: 우리에게 주는 시사점	Guy Sorman

연 번	제 목	저 자
08-04	차기 미국 대통령이 풀어야할 세계적 도전	James A. Baker Ⅲ
08-05	일본 자본시장의 현재와 전망	Atsushi Saito
08-06	대선 이후 미국의 정치 · 경제, 어떻게 전개되나?	Phil Gramm
08-07	세계 및 아시아 경제 · 금융 전망	Charles Dallara
08-08	한국경제의 경쟁력 강화, 어떻게 하나?	Guy Sorman
08-09	– 국부펀드: 인식과 현실 – 긴장 속의 세계금융시장, 어떻게 되나?	– Robert C. Pozen – Jeffrey R. Shafer

2009

연 번	제 목	저 자
09-01	2009년 한국경제와 세계 및 아시아 경제 전망	Subir Lall
09-02	혼란과 전환기의 경쟁력 강화: 과제와 전망	Deborah Wince-Smith
09-03	위기 속의 미국 및 세계 경제와 금융: 전망과 정책대응	Allen Sinai
09-04	미국 오바마 행정부의 통상정책	Jeffrey Schott
09-05	하강하는 세계경제와 케인지언 정책 처방의 실효성	Justin Yifu Lin
09-06	– 세계금융위기가 개도국에 미치는 여파와 대응 – 최근 세계경제위기의 교훈과 전망	– Danny Leipziger – Anne O. Krueger
09-07	– 미국 오바마 행정부의 경제 및 대외정책, 어떻게 되나? – 한미 경제 파트너십: 세계적 위기에 어떻게 협력할 것인가	– Guy Sorman – Jeffrey Schott

2010

연 번	제 목	저 자
10-01	새로운 세계질서 속에 변화하는 EU: 한국의 기회는?	Jean-Pierre Lehmann
10-02	위기 이후 미국 및 세계경제 전망, 그리고 유산과 정책과제	Allen Sinai
10-03	세계경제, 어떻게 볼 것인가?: 진단과 전망	Anne O. Krueger
10-04	– 세계화 파고 속의 한국과 일본경제: 도전과 전망 – 중국 경제의 虛와 實	– Yukiko Fukagawa – Danny Leipziger
10-05	– 신흥국 자본시장과 뉴 프런티어 – 세계경제와 아시아의 역할	– Mark Mobius – Dominique Strauss-Kahn
10-06	세계경제의 재균형	Paul A. Volcker

2011

연 번	제 목	저 자
11-01	위기 이후의 세계경제와 한국경제: 2011년 및 2012년 전망	Allen Sinai
11-02	원자력 발전의 안전성과 경제성: 한국의 선택은?	장순흥
11-03	중국 경제의 재(再)균형	Yu Yongding
11-04	세계금융질서의 개편: 아시아의 시각	세계경제연구원
11-05	– 아시아 경제의 발전전망과 도전과제 – 유럽의 국가채무위기: 평가와 전망	– Haruhiko Kuroda – Richard N. Cooper
11-06	– 기로에 선 세계화와 다자주의, 그리고 G-20 – 북한의 시장과 경제, 그리고 정치적 안정성, 어떻게 변화하고 있나?	– Danny Leipziger – Marcus Noland

2012

연 번	제 목	저 자
12-01	혼돈 속의 세계경제와 금융시장: 분석과 2012년 전망	Allen Sinai
12-02	카이스트의 혁신 유로위기 해결책은 없니	서남표 Hans Martens
12-03	– 2012년 미국의 대선과 향후 아태정책 전망 – 세계경제 및 금융시장 현황 – 그래도 세계경제의 미래는 밝다	– Charles Morrison – Charles Dallara – Guy Sorman
12-04	– FTA와 아태지역 통합 그리고 한국 – 유로위기 언제 끝나나?	– Peter A. Petri – Nicolas Véron
12-05	– 중국의 새 리더십과 경제정책 – 국제통상질서의 현황과 WTO의 미래	– Andrew Sheng – Jean-Pierre Lehmann

2013

연 번	제 목	저 자
13-01	2013년 세계경제와 미국경제 전망	Allen Sinai
13-02	유로존, 올해는 위기에서 벗어날 수 있나?	Guntram B. Wolff
13-03	– 유럽국채위기: 과제와 해결책 – 세계경제, 언제 회복되나?	– Andreas Dombret – John Lipsky
13-04	– 미국과 중국경제 현황과 전망 – 일본의 아베노믹스와 외교정책	– David Hale – Hugh Patrick/ Gerald Curtis
13-05	– 한국의 창조경제와 문화 – 아베노믹스와 일본 경제의 미래, 그리고 TPP	– Guy Sorman – Yukiko Fukagawa/ Jeffrey Schott
13-06	– 통일 독일의 경제 · 정치적 위상: 한국에 대한 시사점 – 외국인이 바라본 중국의 경제정책	– Karl-Heinz Paqué – Bob Davis

2014

연 번	제 목	저 자
14-01	2014년 세계경제, 나아질 것인가?	Allen Sinai
14-02	스위스 메이드	R. James Breiding
14-03	아베정권은 어디로 가고 있나?	Gerald Curtis
14-04	중견기업: 순항하는 독일경제의 비결	Peter Friedrich
14-05	유럽경제, 살아날 것인가?	Karl-Heinz Paqué
14-06	2014년 세계 경제의 향방은?	Martin Feldstein
14-07	복지향상과 기부문화	Guy Sorman

보고서(책자)

연 번	제 목	저 자
94-01	The Global Economy and Korea	사공 일
94-02	탈냉전시대 韓美 정치 · 경제 협력 관계	사공 일/ C. Fred Bergsten
95-01	International Next Generation Leaders' Forum [I]	세계경제연구원
95-02	International Next Generation Leaders' Forum [II]	세계경제연구원
95-03	새로운 韓美 협력체제의 모색	사공 일/ C. Fred Bergsten
96-01	The Multilateral Trading and Financial System	사공 일
96-02	세계화시대의 韓 · 美관계	사공 일/ C. Fred Bergsten
96-03	International Next Generation Leaders' Forum [III]	세계경제연구원
96-04	세계 반도체산업의 발전전망과 한국의 대응전략	세계경제연구원
97-01	Major Issues for the Global Trade and Financial System	사공 일
97-02	한국의 금융개혁	세계경제연구원
98-01	International Next Generation Leaders' Forum [IV]	세계경제연구원
98-02	한반도 통일 및 韓美관계의 현황과 과제	사공 일
98-03	Policy Priorities for the Unified Korean Economy	사공 일/김광석
98-04	The Fifty Years of the GATT/WTO: Past Performance and Future Challenges	사공 일/김광석
99-01	아시아 금융위기의 원인과 대책	사공 일/구영훈
99-02	아시아 금융위기와 한미 관계	세계경제연구원
99-03	For A Better Tomorrow: Asia-Europe Partnership in the 21st Century	ASEM Vision Group

연 번	제 목	저 자
00-01	Reforming the International Financial Architecture: Emerging Market Perspectives	사공 일/왕윤종
00-02	동북아시아포럼 2000	세계경제연구원
00-03	제6차 한미 21세기 위원회 보고서	세계경제연구원
01-01	세계 자유무역 의제를 위한 여건조성	세계경제연구원
01-02	Rebuilding the International Financial Architecture (EMEPG 서울보고서)	Emerging Markets Eminent Persons Group
03-01	새로운 국제질서와 한국의 대응(Ⅰ) – 새로운 세계질서: 기회와 도전	세계경제연구원
03-01	새로운 국제질서와 한국의 대응(Ⅱ) – 세계경제 및 주요국 경제의 앞날	세계경제연구원
03-01	새로운 국제질서와 한국의 대응(Ⅲ) – 한국경제의 진로	세계경제연구원
03-02	세계경제연구원 개원 10주년 국제회의	세계경제연구원
04-01	창업활성화, 어떻게 하나	세계경제연구원
08-01	세계화 시대의 한국 금융산업	세계경제연구원
09-01	최근 세계금융위기, 어떻게 대처할 것인가?	세계경제연구원
10-01	G20 개혁과제: 향후 금융감독 및 규제방향	세계경제연구원
10-02	G20 서울정상회의와 개발의제	세계경제연구원
12-01	새로운 글로벌 금융규제체제: 아시아 금융시장 및 금융기관에 미치는 영향	세계경제연구원
12-02	문화와 한국경제, 그리고 한류	세계경제연구원
12-03	새로운 글로벌 금융시대, 아시아의 미래	세계경제연구원
13-01	중견기업 육성: 독일의 경험에서 배운다	세계경제연구원
13-02	통일과 한국경제	세계경제연구원

IGE Brief+

2012

연 번	제 목	저 자
12-01	문화산업과 서비스교역 그리고 한국경제	남종현
12-02	한일 간 하나의 경제권 형성과 그 추진방향	이종윤
12-03	유럽 경제위기와 한국의 과제	현정택
12-04	이번 대통령 선거, 왜 더욱 중요한가	사공 일

연 번	제 목	저 자
12-05	금융소비자 보호 정책과 금융 옴부즈맨 제도	이재웅
12-06	통일 준비 해둬야	사공 일

2013

연 번	제 목	저 자
13-01	새로운 세계경제 질서와 미래지향적 한일관계	사공 일
13-02	금융개혁과 중국의 정치경제	조윤제

2014

연 번	제 목	저 자
14-01	경찰관이 폭행당해도 놀라지 않는 사회는 미래 없다	사공 일
14-02	경제개혁 3개년 계획 성공하려면	사공 일
14-03	품격 있는 나라를 향한 정부개조	사공 일

세계경제지평

1994

연 번	제 목	저 자
94-01	유목적 세계의 도전	Jacques Attali
94-02	세계주의와 지역주의 混在	이영선
94-03	기회와 위협으로서의 中國	김완순
94-04	21세기 준비, 어떻게 할 것인가	Paul Kennedy
94-05	화폐의 종말/자본주의 이후의 사회	홍기택/주한광
94-06	UR 이후 아태 경제협력의 과제와 한국의 선택	유재원
94-07	환경과 무역	나성린/김승진
94-08	円高에 따른 일본의 산업구조 조정과 한국경제의 대응	이종윤
94-09	세계경제환경 변화와 우리의 선택	사공 일
94-10	개방화에 따른 기업정책의 방향	김종석

1995

연 번	제 목	저 자
95-01	한국경제의 위상에 걸맞은 국제적 역할: 도전과 기회	사공 일
95-02	기업의 세계화와 경쟁 규범	김완순
95-03	무엇이 세계화인가	김병주

연 번	제 목	저 자
95-04	한국과 미국: 2000년의 세계경제	James Laney
95-05	세계경제는 좌초할 것인가	김적교
95-06	엔화강세 지속가능성과 우리의 대응	박진근
95-07	세계화와 한국경제: 호황인가 거품인가	구본호
95-08	확산되는 특혜무역협정과 정책과제	남종현
95-09	역사인식과 한일 관계	홍원탁
95-10	일본산업의 네트워크 구조와 그 효율성	이종윤
95-11	국제경쟁력의 갈등	이재웅
95-12	해방 후 우리 경제 반세기의 회고와 전망	김광석

1996

연 번	제 목	저 자
96-01	국내 선물시장의 구상과 전망	이 선
96-02	중소기업시대 열릴 것인가	류동길
96-03	단체교섭제도 有感	배무기
96-04	세계화와 기업의 변신	지 청
96-05	우리나라 금융시장개방의 추진방향	박영철
96-06	다변주의 對 지역주의, 兩立은 가능한가?	김세원
96-07	派生金融商品의 위험과 효용	민상기
96-08	최근 경제위기감의 실체와 대응방향	김광석
96-09	경제발전, 제도개혁, 경쟁질서의 확립	이성섭
96-10	轉機를 맞이한 정부의 기능	김병주
96-11	WTO의 새로운 협상의제	김완순

1997

연 번	제 목	저 자
97-01	노동법개정 難局의 해법: 교섭창구 단일화를 前提한 複數勞組허용	김수곤
97-02	감속성장, 왜 바람직한가	김적교
97-03	韓寶사태의 敎訓	이재웅
97-04	세계화 시대의 경제운영	남덕우
97-05	기업성장의 虛實: 韓寶事態에서 얻는 敎訓	지 청
97-06	북한의 식량난과 집단농장체제	문팔용
97-07	한국의 금융개혁	윤계섭
97-08	高齡化社會의 도래와 財政危機	박종기
97-09	外換危機의 일반모형을 감안한 우리의 대응 방향	박진근
97-10	벤처기업시대를 열어가려면	유동길

1998

연 번	제 목	저 자
98-01	한국의 經濟奇籍은 끝난 것인가?	남종현
98-02	패러다임의 대전환 없이는 위기 극복이 불가능하다	송대희
98-03	기업구조조정과 바람직한 은행-기업관계	남상우
98-04	새로운 기업지배구조의 모색과 사외이사의 역할	이영기
98-05	고투자-고저축 고리의 단절을 위한 제언	이영탁

1999

연 번	제 목	저 자
99-01	연금개혁의 전망과 과제	박종기
99-02	지하철파업과 다시 보는 노조전임자 문제	김수곤
99-03	금융구조조정과 중소기업금융	박준경
99-04	21세기를 향한 환경정책과제	김종기
99-05	소득분배 문제의 실상과 대응방향	김광석
99-06	"생산적 복지"정책의 허와 실	최 광
99-07	세계화시대의 韓中日 經濟協力 强化 方案	사공 일
99-08	시애틀 WTO 각료회의의 결렬과 향후전망	박태호

2000

연 번	제 목	저 자
00-01	2000년 경제전망 및 향후 과제	김준경
00-02	세계금융체제에 관한 논의, 어떻게 되고 있나	사공 일
00-03	아시아 금융위기와 한국경제의 미래	사공 일
00-04	高비용 低능률구조의 부활	이종윤
00-05	아시아 경제회복, 지속될 것인가?	사공 일
00-06	국제경제환경과 한국경제	조윤제
00-07	기업경영 감시를 위한 기관투자가의 역할	이재웅
00-08	미국의 구조조정 경험과 교훈	이영세

2001

연 번	제 목	저 자
01-01	한국산업의 경쟁력 위기와 향후 진로	김도훈
01-02	주 5일 근무제 도입 신중해야	박영범

연구보고서(세계경제 시리즈)

1994

연 번	제 목	저 자
94-01	UR이후 아태 경제협력의 과제와 한국의 선택	유재원
94-02	환경-무역관계가 한국 무역에 미치는 영향	김승진/나성린
94-03	円高에 따른 일본의 산업구조조정과 한국경제의 대응	이종윤
94-04	개방화에 따른 기업정책의 방향	김종석

1995

연 번	제 목	저 자
95-01	국내 외국인직접투자 현황과 정책대응	주한광/김승진
95-02	비즈니스 리엔지니어링 기업: 한·일 기업의 수용 가능성 비교	이재규
95-03	WTO 체제와 우리의 대응	김지홍

1996

연 번	제 목	저 자
96-01	국내 선물시장에 대한 구상과 전망	이 선
96-02	일본 산업의 네트워크구조와 그 효율성	이종윤

1997

연 번	제 목	저 자
97-01	루마니아의 경제현황과 주요개혁과제	김광석/김병주/고일동

1998

연 번	제 목	저 자
98-01	우리 경제의 成長要因과 成長潛在力 展望	김광석
98-02	한국과 ASEAN 諸國 間 무역구조의 변화 추이와 대응 방향	김승진
98-03	국제무역체계의 도전과제	김완순/최낙균
98-04	정보화의 세계적 추세와 우리의 대응방안	박종국

2000

연 번	제 목	저 자
00-01	한국의 금융 위기와 산업 정책	이영세/정용승

2001

연 번	제 목	저 자
01-01	우리나라의 산업 · 무역 정책 전개 과정	김광석
01-02	한국에서의 기술이전과 정보의 역할	이영세

전문가 진단

2004

연 번	제 목	저 자
04-01	한국 FTA정책의 虛와 實	남종현
04-02	외국 기업인의 눈에 비친 한국경제	William C. Oberlin

2005

연 번	제 목	저 자
05-01	세계 속의 한국경제: 과제와 전망	사공 일

세계경제연구원 특별강연

1993

연 번	주 제	연 사
93-01	클린턴 행정부의 경제정책과 한미 경제관계	C. Fred Bergsten
93-02	UR 및 NAFTA의 장래와 한국의 대응	Jeffrey Schott
93-03	국제환경 변화와 세계경제 장 · 단기 전망	Allen Sinai
93-04	태평양지역 경제전망과 한국의 대응	Lawrence Krauss
93-05	21세기 세계구도 변화와 한국	Jacques Attali

1994

연 번	제 목	저 자
94-01	21세기 준비 어떻게 할 것인가?	Paul Kennedy
94-02	미국과 일본 간의 기술경쟁과 한국에 미칠 영향	Ronald A. Morse
94-03	일본경제 무엇이 문제인가?	Toyoo Gyohten
94-04	미국경제와 세계경제 현황과 전망	Allen Sinai
94-05	동구권 경제전망과 한국의 진출방안	Ronald Freeman
94-06	국제환율제도 이대로 좋은가?	John Williamson
94-07	새로운 국제무역질서와 한국의 대응	Arthur Dunkel
94-08	新경제의 금융개혁: 평가와 전망	박재윤

1995

연 번	제 목	저 자
95-01	세계화 전략과 앞으로의 경제운용방향	홍재형
95-02	멕시코 페소화 위기와 세계 금융시장 동향	Charles Dallara
95-03	세계경제 동향과 미국경제 전망	Allen Sinai
95-04	한국과 미국: 2000년의 세계경제	James Laney
95-05	새로운 게임, 새로운 규칙과 새로운 전략	Lester Thurow
95-06	미국–북한 관계 전망	Robert Scalapino
95-07	미국의 동아시아 정책과 한반도	James A. Baker Ⅲ
95-08	미일 무역마찰과 한국	Anne O. Krueger
95-09	국제금융제도 무엇이 문제인가?	Stanley Fischer
95-10	세계무역기구 – 새로운 도전	Jagdish Bhagwati
95-11	동북아 경제권 개발 전망	Kanamori Hisao
95-12	러시아 정보제도의 현황과 변화 전망	Vadim Kirpitchenko
95-13	최근의 국제금융시장 동향과 96년도 세계경제 전망	Allen Sinai

연 번	주 제	연 사
95-14	최근 미국 정치동향과 한미 관계	Thomas Foley
95-15	APEC과 세계무역체제	C. Fred Bergsten
95-16	국제금융제도의 현황과 향후 전망	Toyoo Gyohten
95-17	WTO와 세계무역체제	Anne O. Krueger

1996

연 번	제 목	저 자
96-01	세계경제의 도전과 한국	Robert Lawrence
96-02	新경제의 통상정책	박재윤
96-03	다자간 무역체제 하의 기술협약과 한국	Sylvia Ostry
96-04	정보화 시대: 한국의 대응	이석채
96-05	EU의 앞날과 세계경제	Jørgen Ørstrøm Møller
96-06	세계경제와 OECD의 역할	Donald Johnston
96-07	다자간 무역체제 하의 새로운 과제	김철수
96-08	금융세계화와 세계경제	Paul A. Volcker
96-09	세계경제와 동아시아경제: 협력인가, 갈등인가?	Martin Wolf
96-10	다국적 기업의 세계화 전략과 동아시아 경제통합	Wendy Dobson
96-11	위기에 처한 일본의 은행부문: 원인과 시사점	Hugh Patrick
96-12	동아시아 경제성장의 정치적 배경과 영향	Francis Fukuyama
96-13	클린턴 행정부의 업적과 재선 전망 및 한국에 미칠 영향	Robert Warne
96-14	세계무역 – 21세기 비전	C. Fred Bergsten
96-15	국제사회에서의 한국의 새 역할	A. W. Clausen
96-16	제2기 클린턴 행정부의 통상정책	Richard Feinberg

1997

연 번	제 목	저 자
97-01	세계화 시대의 경제운용	남덕우
97-02	경제적 측면에서 본 통독의 교훈	Juergen B. Donges
97-03	아태 지역에 대한 미국의 안보정책	William Perry
97-04	범세계적 기업과 다자간 투자협정	Edward Graham
97-05	뉴질랜드의 공공부문 개혁	Donald Hunn
97-06	한미 관계: 변화 속의 안정	W. Anthony Lake
97-07	한국: 동북아의 새로운 협력 중심으로	Donald P. Gregg
97-08	일본의 경제침체와 동아시아 통화위기	Ronald McKinnon

1998

연 번	제 목	저 자
98-01	세계화와 국가의 주체성	Guy Sorman
98-02	아시아 통화위기와 일본의 역할	Takatoshi Kato
98-03	한국의 통화 · 금융위기: 미국의 시각	Charles Dallara
98-04	유럽 단일통화(Euro)와 세계금융 질서	Tue Rohsted
98-05	아시아 통화위기: 원인과 전망	Anne O. Krueger
98-06	국가경영혁신, 어떻게 할 것인가?	진 념
98-07	99년의 아시아와 한국경제 전망	Hubert Neiss
98-08	최근 북한 경제상황과 향후 전망	Marcus Noland

1999

연 번	제 목	저 자
99-01	세계 속의 한국경제와 OECD	Donald Johnston
99-02	미국의 경제현황과 주식시장 전망	Richard A. Grasso
99-03	국제금융시장과 달러/엔 환율 전망	Kenneth S. Courtis
99-04	미국과 일본 경제의 비교평가	Hugh Patrick
99-05	세계경제: 도전과 전망	Rudiger Dornbusch
99-06	한국의 금융세계화, 어떻게 해야 하나?	James P. Rooney
99-07	국제금융시장 전망: 미국경제와 금융시장을 중심으로	Robert Hormats
99-08	한미관계: 번영과 안보의 동반자	Stephen W. Bosworth

2000

연 번	제 목	저 자
00-01	2000년도 아시아 및 신흥시장 전망	Charles Dallara
00-02	글로벌 뉴 이코노미: 도전과 한국의 활로	양수길
00-03	성장하는 아시아와 침체 속의 일본	Kenneth S. Courtis
00-04	세계금융체제의 미래와 우리의 대응	Morris Goldstein
00-05	기업 · 금융 구조조정의 향후 정책방향	이용근
00-06	시애틀 이후 WTO와 한미 FTA 전망	Jeffrey Schott
00-07	세계경제체제 변화: 전망과 정책대응	Anne O. Krueger
00-08	남북한 관계: 현황과 전망	Marcus Noland
00-09	지식시대의 외국인 직접투자 유치	Andrew Fraser
00-10	미국 新행정부 및 의회의 경제 · 대외 정책방향	C. Fred Bergsten

2001

연 번	제 목	저 자
01-01	2001년 미국, 일본 경제와 아시아	Kenneth S. Courtis
01-02	부시행정부의 對韓정책과 한국의 대응	Marcus Noland
01-03	내가 본 한국기업과 한국경제: 3C를 극복하자	Jeffrey D. Jones
01-04	하이테크와 비즈니스, 그리고 세계경제	John Naisbitt
01-05	한국과 IMF	Stanley Fischer
01-06	한국경제의 향후 10년	Dominic Barton
01-07	세계 달러본위제도와 동아시아 환율딜레마	Ronald McKinnon
01-08	新국제질서 속의 유럽과 한국	Pierre Jacquet
01-09	세계경제의 기회와 위협: 긴급진단	Martin Wolf
01-10	금융위기 再發, 어떻게 막나: 칠레의 경험을 중심으로	Carlos Massad
01-11	21세기 미일 경제관계 전망과 한국의 대응과제	Marcus Noland

2002

연 번	제 목	저 자
02-01	세계화: 혜택의 원동력	Patricia Hewitt
02-02	9 · 11 테러사태 이후의 세계질서: 문명의 충돌인가?	Francis Fukuyama
02-03	아시아 지역의 통화 · 금융 협력	Barry Eichengreen
02-04	미국경제와 세계경제: 회복가능성과 위험	Allen Sinai
02-05	세계경제, 회복되고 있나?	Kenneth S. Courtis
02-06	미국경제와 달러의 장래	Marcus Noland
02-07	도하라운드: 문제점과 전망	Jagdish Bhagwati
02-08	2003년 한국경제와 세계경제	Paul F. Gruenwald
02-09	미국경제, 달러 및 대외통상 정책 방향	C. Fred Bergsten
02-10	9 · 11 사태 1주년과 미국의 한반도 정책	Thomas C. Hubbard
02-11	미국경제 현황과 세계경제의 앞날	John B. Taylor
02-12	미국의 IT산업 관련정책과 한국	Peter F. Cowhey

2003

연 번	제 목	저 자
03-01	이라크전 이후의 미국경제와 세계경제	Allen Sinai
03-02	2003 세계경제와 한국: OECD의 시각	Donald Johnston
03-03	亞太지역에서의 미국의 새 역할	Charles Morrison
03-04	세계경제 전망과 부시행정부의 경기부양책	Phil Gramm
03-05	세계환율체제 개편과 동아시아 경제	John Williamson

연 번	주 제	연 사
03-06	침체된 독일 · 유럽경제가 주는 교훈과 정책적 시사	Hans Tietmeyer
03-07	동아시아 금융협력과 한국	Eisuke Sakakibara

2004

연 번	제 목	저 자
04-01	2004년 미국경제와 세계경제 전망	Allen Sinai
04-02	김정일 이후의 한반도	Marcus Noland
04-03	외국기업인의 눈에 비친 한국경제	William C. Oberlin
04-04	미국 대통령선거와 韓美日 관계 – 미국 대통령선거와 韓美, 韓日 관계 – 미국 경제와 일본경제, 그리고 한국경제	– Gerald Curtis – Hugh Patrick
04-05	중국경제의 부상과 동북아 지역경제	Zhang Yunling
04-06	아시아 화폐 단일화, 가능한가?	Robert Mundell
04-07	대통령선거 이후의 미국 통상정책, 어떻게 되나	Peter F. Cowhey
04-08	아시아 세계무역환경, 어떻게 전개되나?	Dominic Barton

2005

연 번	제 목	저 자
05-01	제2기 부시행정부의 경제정책과 세계경제 및 시장 전망	Allen Sinai
05-02	일본의 시각에서 본 한국경제의 활로	Yukiko Fukagawa
05-03	국제신용평가기관이 보는 한국	Thomas Byrne
05-04	급부상하는 중국과 인도 경제	Wendy Dobson
05-05	동아시아와 아태지역 경제통합	Robert Scollay
05-06	세계 속의 한국경제: 역할과 전망	Anne O. Krueger
05-07	세계경제, 무엇이 문제인가	Barry Eichengreen
05-08	미국의 힘은 얼마나 강한가?	Paul Kennedy
05-09	중국의 부상, 어떻게 보아야 하나	Bernard Gordon
05-10	고유가와 세계경제의 앞날	Philip K. Verleger

2006

연 번	제 목	저 자
06-01	2006년 미국경제/세계경제와 금융시장 전망	Allen Sinai
06-02	한미 FTA: 지속성장의 활로	Alexander Vershbow
06-03	일본 경제회생과 한국경제	Yukiko Fukagawa
06-04	세계 IT 리더십 경쟁: 승자와 패자	George Scalise

연 번	주 제	연 사
06-05	세계인이 보는 한국경제는?	Charles Dallara
06-06	일본의 대외경제정책과 한일 FTA	Oshima Shotaro
06-07	20년 후의 중국, 어떻게 될까?	Richard N. Cooper
06-08	세계 M&A 시장 현황과 전망: 우리의 대응	Robert F. Bruner
06-09	한미 관계: 새로운 동반자 시대를 지향하며	Edwin J. Feulner
06-10	아시아 공동통화와 아시아 경제통합	Eisuke Sakakibara
06-11	통일 이후 독일: 경제침체의 교훈	Juergen B. Donges
06-12	급변하는 세계경제환경, 어떻게 대처해야 하나?	Angel Gurría
06-13	동아시아 FTA, 가능한가?: 중국의 시각	Zhang Yunling
06-14	구조적 변화 맞고 있는 세계석유시장과 한국	Fereidun Fesharaki
06-15	변모하는 세계경제와 한국	Anne O. Krueger

2007

연 번	제 목	저 자
07-01	2007년 세계경제와 금융시장의 지각변동	Allen Sinai
07-02	되살아나는 일본경제: 전망과 과제	Yukiko Fukagawa
07-03	디지털 네트워크 경제와 글로벌 기업전략	Ben Verwaayen
07-04	동아시아 경제, 어디로 갈 것인가?	David Hale
07-05	2008년 미국 대통령선거, 어떻게 될 것인가?	Stephen J. Yates
07-06	세계 속의 한국경제, 위상강화 어떻게 하나?	Charles Dallara
07-07	한미 FTA: 미국의 시각	Jeffrey Schott
07-08	한미 FTA와 한국경제의 미래	Barry Eichengreen
07-09	왜 21세기에도 미국의 세기가 될 것인가?	Guy Sorman
07-10	인도경제 전망과 한국기업	Tarun Das
07-11	세계화시대의 기업 인재 확보	Ben Verwaayen
07-12	2008년 한국경제와 동아시아 경제 전망	Jerald Schiff
07-13	국가 미래를 위한 한국의 세계화 전략	Anne O. Krueger

2008

연 번	제 목	저 자
08-01	2008년 미국경제와 세계금융시장 전망	Allen Sinai
08-02	국부펀드(Sovereign Wealth Funds): 인식과 현실	Robert C. Pozen
08-03	유럽의 경제침체: 우리에게 주는 시사점	Guy Sorman
08-04	차기 미국대통령이 풀어야 할 세계적 도전	James A. Baker Ⅲ
08-05	일본 자본시장의 현재와 전망	Atsushi Saito

연 번	주 제	연 사
08-06	대선 이후 미국의 정치 · 경제, 어떻게 전개되나?	Phil Gramm
08-07	세계 및 아시아 경제 · 금융, 어떻게 되나?	Charles Dallara
08-08	한국경제의 경쟁력 강화, 어떻게 하나?	Guy Sorman
08-09	긴장 속의 세계금융시장, 어떻게 되나?	Jeffrey Shafer
08-10	세계금융위기, 달러, 그리고 유가	Martin Feldstein
08-11	09년 한국경제와 세계 및 아시아경제 전망	Subir Lall

2009

연 번	제 목	저 자
09-01	혼란과 전환기의 경쟁력 강화: 과제와 전망	Deborah Wince-Smith
09-02	위기 속의 미국 및 세계경제와 금융: 전망과 정책대응	Allen Sinai
09-03	세계금융위기가 개도국에 미치는 여파와 우리의 대응	Danny Leipziger
09-04	미국 오바마 행정부의 통상정책	Jeffrey Schott
09-05	미국 오바마 행정부의 경제 및 대외정책, 어떻게 되나?	Guy Sorman
09-06	최근 세계경제위기와 우리의 교훈	Anne O. Krueger
09-07	하강하는 세계경제와 케인지언 정책처방의 실효성	Justin Yifu Lin
09-08	최근 세계경제위기와 한미 협력관계: 과제와 전망	Jeffrey Schott
09-09	경제위기 이후 세계의 투자 전망: IFC와 개도국의 역할	Lars H. Thunell
09-10	과연 더블딥 경제침체는 올 것인가?	손성원
09-11	새로운 세계 질서 속에서 변화하는 EU: 한국의 기회는?	Jean-Pierre Lehmann

2010

연 번	제 목	저 자
10-01	위기 이후의 미국 및 세계경제 전망, 그리고 유산과 정책과제	Allen Sinai
10-02	세계화 파고 속의 한국과 일본경제: 도전과 전망	Yukiko Fukagawa
10-03	신흥국 자본시장과 뉴 프론티어	Mark Mobius
10-04	중국 경제의 虛와 實: 과제와 전망	Danny Leipziger
10-05	세계경제와 아시아의 역할	Dominique Strauss-Kahn
10-06	세계경제, 어떻게 볼 것인가?: 진단과 전망	Anne O. Krueger
10-07	더블딥과 디플레이션의 가능성은 얼마나 될까?	손성원
10-08	세계경제의 재균형	Paul A. Volcker

2011

연 번	제 목	저 자
11-01	위기 이후의 세계경제와 한국경제: 2011년 및 2012년 전망	Allen Sinai
11-02	아시아 경제의 발전전망과 도전과제	Haruhiko Kuroda
11-03	유럽국가의 채무위기: 평가와 전망	Richard N. Cooper
11-04	원자력발전의 안전성과 경제성: 한국의 선택은?	장순흥
11-05	기로에 선 세계화와 다자주의, 그리고 G20	Danny Leipziger
11-06	북한의 시장과 경제, 그리고 정치적 안정성, 어떻게 변화하고 있나?	Marcus Noland
11-07	중국경제 재균형에 관한 특강	Yu Yongding
11-08	격동 속의 세계경제: 전망과 투자전략	손성원

2012

연 번	제 목	저 자
12-01	혼돈 속의 미국경제와 세계경제 그리고 금융시장, 어떻게 되나?	Allen Sinai
12-02	12년 미국의 대선과 향후 아태 정책 전망	Charles Morrison
12-03	과학기술 연구대학의 발전과 교육, 경제성장	서남표
12-04	유로 위기: 해결책은 없나?	Hans Martens
12-05	세계경제 및 금융시장 현황	Charles Dallara
12-06	그래도 세계경제의 미래는 밝다	Guy Sorman
12-07	FTA와 아태지역통합, 그리고 한국	Peter A. Petri
12-08	유로 위기: 언제 끝나나?	Nicolas Véron
12-09	중국의 새 리더십과 경제정책	Andrew Sheng
12-10	국제통상질서의 현황과 WTO의 미래	Jean-Pierre Lehmann

2013

연 번	제 목	저 자
13-01	2013년 세계경제와 미국경제 전망	Allen Sinai
13-02	유로존, 올해는 위기에서 벗어날 수 있나?	Guntram B. Wolff
13-03	유럽국채위기: 과제와 해결책	Andreas Dombret
13-04	세계경제, 언제 회복되나?	John Lipsky
13-05	미국과 중국경제 현황과 전망	David Hale
13-06	일본의 아베노믹스와 외교정책	Hugh Patrick, Gerald Curtis

연 번	주 제	연 사
13-07	한국의 창조경제와 문화	Guy Sorman
13-08	아베노믹스와 일본경제의 미래, 그리고 TPP	Yukiko Fukagawa, Jeffrey Schott
13-09	통일 독일의 경제 · 정치적 위상: 한국에 대한 시사점	Karl-Heinz Paqué
13-10	외국인이 바라본 중국의 경제정책	Bob Davis
13-11	일본 아베정권의 정치 · 경제정책이 우리에게 미칠 영향은?	David Asher
13-12	한중일 정치 · 경제 관계 어디로 가고 있나?	David Philling

2014

연 번	제 목	저 자
14-01	2014년 세계경제, 나아질 것인가	Allen Sinai
14-02	스위스 메이드	R. James Breiding
14-03	아베정권은 어디로 가고 있나	Gerald Curtis
14-04	중견기업: 순항하는 독일 경제의 비결	Peter Friedrich
14-05	유럽경제, 살아날 것인가?	Karl-Heinz Paqué
14-06	2014년 세계경제의 향방은?	Martin Feldstein
14-07	복지향상과 기부문화	Guy Sorman
14-08	세계무역환경 변화와 WTO의 새로운 역할	Roberto Azevêdo
14-09	세계경제 성장동력: 브릭스(BRICS)에서 미국으로	Sung Won Sohn